"¡Este es mi nuevo libro favorito sobre vuelto a hacer!".

> **Mel Robbins**, podcaster y autor del éxito de ventas
> del *New York Times, The High 5 Habit*

"¡Vaya! Este es uno de esos libros poco frecuentes que te harán emprender la acción y ver serios resultados inmediatamente. De veras".

> **Patrick Lencioni**, autor de los éxitos de ventas de *Las cinco disfunciones de un equipo* y *The Six Types of Working Genius*

"¡El mejor libro que he leído acerca de las metas! ¡Jon Acuff y *Una meta es todo lo que necesitas* te ayudarán a alcanzar tu inmenso potencial!".

> **Jon Gordon**, autor de doce éxitos de ventas, entre ellos,
> *The Power of Positive Leadership*

"Con frecuencia he dicho que el lugar más rico y abundante de la tierra es el cementerio, porque muchas personas mueren con un potencial en su interior, que no aprovecharon. Tal vez estuvieron rodeados de personas que no creían en ellos, o quizá ni siquiera sabían que eran capaces de más. Sin embargo, en *Una meta es todo lo que necesitas*, Jon Acuff proporciona de modo brillante el mapa de ruta para activar el potencial que hay en nuestro interior. Este libro debería ser lectura obligada para todo aquel que tenga aire en sus pulmones".

> **Nona Jones**, conferencista, ejecutiva de tecnología,
> y autora de *Killing Comparison*

"Si conoces la sensación de estar atascado en un auto, agradecerás encontrar a alguien con una camioneta grande que te dé un empujón en la dirección correcta. Mi amigo Jon ha escrito otro libro extraordinario, y la suya es una voz en la que he puesto mi confianza por años. En estas páginas no te empujará de un lugar a otro; en cambio, te dará unas suaves palmaditas en el hombro, te recordará tus metas, y te empujará en la dirección adecuada por la que debías ir antes de quedarte atascado, distraído, desalentado o fuera de curso".

Bob Goff, autor de los éxitos de ventas del *New York Times*, *A todos siempre*, *Dream Big* y *Sin distracciones*

"Cautivador, cercano y lleno de humor desde la primera página hasta la última, Jon abre la puerta a sus experiencias personales con una sinceridad que motiva a los lectores a reflexionar con precisión sobre nuestras propias vidas. Más que eso, nos acompaña por un camino divertido y esclarecedor hacia una vida mejor paso a paso, con garantía de que funcionará sin importar cuáles sean nuestras aspiraciones".

Ginny Yurich, fundadora de 1000 Hours Outside

"Este libro te ayudará a alcanzar tus metas, pero hará algo más que eso. Te ayudará a hacerte responsable de tu propia vida. Si buscas la inspiración y la instrucción que necesitas para dar forma a tu propio mundo, la tienes en tus manos".

Donald Miller, CEO de Business Made Simple

"¡MAGISTRAL! Esta es la mejor obra de Jon Acuff. Las metas son elusivas y abstractas; sin embargo, Jon hace una tarea extraordinaria tomando lo complicado y haciendo que sea sencillo y factible. Creo plenamente que este libro es la diferencia entre despertar dentro de diez años en medio de un mar de lamentos, o despertar habiendo alcanzado tus metas y viviendo la vida que siempre quisiste vivir. ¡Es así de poderoso!".

David Nurse, autor del éxito de ventas *Top 50 Keynote Speaker*, y entrenador de optimización de la NBA de más de 150 estrellas de la NBA

"Hace doce años atrás leí un borrador del primer libro de negocios de Jon Acuff. Le escribí de inmediato un correo electrónico y le dije: 'Reconsidera cualquier otro plan que tengas, y comienza a escribir a tiempo completo. ¡Estás desperdiciando tu tiempo, amigo!'. Me alegra que aceptara ese consejo. Si te has preguntado alguna vez si eres capaz de más, considera este libro el '¡Sí!' rotundo que has estado esperando toda tu vida".

Steven Pressfield, autor del éxito de ventas del *New York Times* de *La guerra del arte*

"Jon lo ha hecho de nuevo: un trabajo fresco, divertido e inspirador, ¡que te ayudará a llevar tus resultados al siguiente nivel! Prepárate para desatar tu potencial y multiplicar por diez tu vida".

Greg McKeown, podcaster y autor de éxitos de ventas del *New York Times* de *Esencialismo* y *Sin esfuerzo*

"Jon tiene el don poco frecuente y maravilloso de hacerte ver obstáculos perennes con nuevos ojos. Por encima de los consejos 'usuales' sobre establecer metas, el enfoque de Jon es fresco, muy práctico y lleno de humor; te hará tener pensamientos que nunca antes tuviste y hacer cosas que nunca antes hiciste. Este es el descubrimiento que has estado esperando".

Carey Nieuwhof, podcaster, autor del éxito de ventas *At Your Best*, y fundador de The Art of Leadership Academy

UNA META ES TODO LO QUE NECESITAS

UN PLAN DE 3 PASOS
PARA DEJAR IR EL REMORDIMIENTO Y ALCANZAR TU MÁXIMO POTENCIAL

JON ACUFF

WHITAKER
HOUSE
Español

Una meta es todo lo que necesitas
**Un plan de 3 pasos para dejar ir el remordimiento
y alcanzar tu máximo potencial**

Originally published in English under the title *All It Takes is a Goal* by Baker
Books, a division of Baker Publishing Group, Grand Rapids, Michigan, 49516,
U.S.A.

ISBN: 979-8-88769-068-1
eBook ISBN: 979-8-88769-069-8
Impreso en los Estados Unidos de América

Traducción al español por:
Belmonte Traductores
www.belmontetraductores.com

Editado por: Ofelia Pérez

Whitaker House
1030 Hunt Valley Circle
New Kensington, PA 15068
www.whitakerhouse.com

Por favor, envíe sugerencias sobre este libro a: comentarios@whitakerhouse.com.

1 2 3 4 5 6 7 8 9 10 11 12 **W** 30 29 28 27 26 25 24 23

A LA SRA. HARRIS,

mi maestra de tercer grado
en Ipswich, Massachusetts,
quien me enseñó que escribir es fácil
si lo conviertes en una meta.

ÍNDICE

EL COMBUSTIBLE

LA PROMESA

INTRODUCCIÓN

FRUSTRACIÓN Y CURIOSIDAD CON RESPECTO AL POTENCIAL

No pensé en aprovechar mi inmenso potencial hasta que tenía cuarenta y cinco años de edad. ¿Qué puedo decir? Soy una persona de floración tardía.

Cuando finalmente lo hice, sentí frustración y curiosidad.

La frustración comenzó cuando hice un recorrido por la universidad con mi hija mayor un fresco día de octubre. No esperaba sentir otra cosa sino emoción por ella en ese momento, pero una oleada de decepción me sobrepasó a mitad de la visita.

Mi esposa y yo estábamos el uno al lado del otro, mirando el patio interior de la Universidad de Samford, en Birmingham, Alabama, pero estábamos teniendo experiencias completamente opuestas.

Ella recordaba con cariño el *alma mater* que habíamos compartido. Sus ojos miraban el campus, y le costaba mucho decidir cuál de los cientos de recuerdos era su favorito. "¿Acaso la universidad no fue lo mejor?", me preguntó, a la vez que apretaba mi brazo para dar énfasis.

"¿Qué? No. Fue un desastre", dije yo, mirando exactamente el mismo terreno que ella, pero, en cambio, contemplando el descarrilamiento de mi tren universitario.

Yo había llegado a Alabama desde mi ciudad natal de Hudson, Massachusetts, con un nivel de sarcasmo como el de la película *Mente indomable*, que rápidamente hizo que me rechazaran en todas las fraternidades del campus. Me colocaron en exclusión social por un año después de una broma de Halloween desastrosa, y terminé trabajando en el puesto de hielo raspado de nuestro supermercado Walmart local. No estaba dentro de Walmart; era un carrito callejero no afiliado al supermercado que un hombre llamado Kevin simplemente situó cerca de la entrada. ¿Es eso lo que hiciste durante tu primer semestre de universidad? ¿El tipo de los "raspados" en Walmart?

Me gustaría decir que cambié las cosas después de mi primer año, pero entonces tendría que pasar por alto mi incursión en la cultura de las fiestas. Sí, vestía ropa reflectante y bailaba en bodegas con barras luminosas a las 3:00 de la mañana durante mi segundo año. Supongo que quería ponerle un tope de neón a mi carrera universitaria, una reverencia electrónica a lo que podría haber sido.

Al estar allí, veinticinco años después, me sentí muy frustrado porque había desperdiciado todo el potencial de la universidad. Un campus universitario prácticamente chisporrotea con posibilidades. La oportunidad de ser algo, de hacer algo, está dondequiera que mires. Mi hija mayor estaba a punto de sacarle el máximo partido. Mi esposa ya le había sacado todo el jugo; sin embargo, yo no lo hice. ¿Cómo puede habérmelo perdido?

En el camino de regreso a Nashville, y en las semanas posteriores, esa pregunta pesaba mucho sobre mi mente. En el pasado, esa sensación de remordimiento se habría convertido en amargura y resignación. ¿Te has sentido alguna vez de ese modo tras encontrarte con una oportunidad que perdiste o con una ocasión que echaste a perder? Esa es mi respuesta normal, pero esta vez fue diferente. Había pasado los dos años anteriores investigando y escribiendo acerca del poder de la mentalidad, para un libro que publiqué titulado *Piensa mejor sin pensar demasiado*. Sabía que una de las mejores cosas que se puede hacer con un pensamiento negativo repetitivo es preguntar: "¿Es útil esto?". La amargura nunca lo es, así que decidí ver, en cambio, si podía cambiar mi frustración y convertirla en curiosidad.

Tal vez fuera mi edad. Los cuarenta afectan diferente. Te hacen ser más introspectivo acerca de dónde has estado y hacia dónde te diriges. Mi esposa y yo estábamos también a dos años de distancia de experimentar el nido vacío. Había cambios significativos en el horizonte, y comencé a plantear las preguntas acerca de mi vida que las personas inteligentes se plantean cuando tienen veinte y treinta años.

No aproveché mi inmenso potencial en la universidad. Eso es cierto y no puedo cambiarlo, pero comencé a preguntarme si podía cambiar algo que era todavía mejor: mi futuro. ¿Podría cambiar esta semana? ¿Podría cambiar este mes o incluso el año completo? La universidad duró solamente cuatro años, y aún tenía décadas de vida por delante de mí.

Llegué tarde en los cuarenta años, así que quería llegar temprano en los cincuenta. No aproveché al máximo mis veinte años y terminé en los treinta sin tener un plan real o un fundamento para mi vida. No estaba dispuesto a permitir que volviera a suceder lo mismo al llegar a los cincuenta, a los sesenta, y más allá.

No sabía si era posible aprovechar mi inmenso potencial, pero tenía la sospecha de que yo era capaz de más, y quería saber lo que podía hacer al respecto.

Resulta que yo no soy el único que se siente así.

APROVECHAR NUESTRO POTENCIAL

Cuando me volví curioso acerca de aprovechar mi inmenso potencial, hice lo que hago siempre cuando siento curiosidad: encargué un estudio de investigación con el Dr. Mike Peasley, profesor de la Universidad Estatal Middle Tennessee. Él y yo preguntamos a más de tres mil personas si sentían que estaban a la altura de su inmenso potencial.

Solamente el cuatro por ciento de las personas respondieron afirmativamente.

Esa es una estadística sorprendentemente baja, pero no es la que más destacó para mí.

Según nuestro estudio, el 50 por ciento de las personas sienten que el 50 por ciento de su potencial no está aprovechado. Eso significa que la mitad de nosotros caminamos con vidas a medias. No es sorprendente que Twitter sea tan gruñón.

Imagina si cada Navidad abrieras solamente la mitad de tus regalos. Podrías ver el resto (todo un montón en el rincón de la habitación), pero nunca llegarías a abrirlos. La locura es que nadie te lo impediría. Incluso podría haber amigos y familiares alentándote a abrirlos todos, pero por algún motivo parecería que estaban fuera de tu alcance.

SEGÚN NUESTRO ESTUDIO, EL 50 POR CIENTO DE LAS PERSONAS SIENTEN QUE EL 50 POR CIENTO DE SU POTENCIAL NO ESTÁ APROVECHADO.

¿Conduciría eso a una Navidad feliz, un hogar feliz, un empleo feliz o cualquier cosa feliz?

No lo haría, pero ¿y si no tuviera por qué ser de ese modo?

¿Y si pudieras tener una carrera profesional satisfactoria?

¿Y si pudieras disfrutar de un matrimonio próspero y fuertes amistades?

¿Y si pudieras estar en forma, mejor que en toda tu vida?

¿Y si pudieras escribir ese libro, comenzar ese negocio, ordenar ese garaje, y pagar para que tus padres inmigrantes volaran en primera clase a Holanda para poder ver finalmente el festival de los tulipanes?

¿Y si cada día lo sintieras como un regalo, y cada año mejoraras progresivamente?

Si tienes veinte años, ¿qué te parecería si esa pudiera ser tu década favorita, seguida por los treinta, que serían incluso más divertidos, y después los cuarenta, que en cierto modo se las arreglaran para ser mejores que los anteriores?

Eso sería lo mejor.

MANTENGAMOS LA SENCILLEZ

¿Y si yo pudiera convertir el potencial en una meta? ¿Y si todo lo que se necesita es una meta? Eso indudablemente simplificaría un reto que, de otro modo, sería confuso.

No se puede poner en acción una idea que ni siquiera podemos definir, y *potencial* es una palabra muy borrosa y difusa. Es como intentar ganar una carrera sin tener una línea de meta. No sabes si vas por la dirección correcta, no puedes decir si estás haciendo progreso, y tiendes a sentirte frustrado por todo el proceso.

Con eso pensé que batallaban las personas cuando les pedí que definieran la palabra *potencial*. Sus respuestas fueron muy diversas:

Una sensación de propósito.

Alegría.

Ningún arrepentimiento.

Libertad para hacer lo que decida.

Eficacia máxima.

Todos ellos parecían aspectos del potencial, pero no añadían mucha claridad práctica a la conversación. Los sentimientos son una luz importante para monitorear el tablero de instrumentos de tu vida, pero también pueden ser inconsistentes e inconstantes.

¿Y qué acerca de la alegría? ¿Cómo se mide eso? ¿Hay algún tipo de escala o sistema de colores? "Hoy soy de color naranja oscuro, que es la cantidad de alegría que puedo esperar un martes. Espero ser color magenta cuando llegue el viernes".

¿Ningún arrepentimiento? El libro de Daniel Pink, *El poder del arrepentimiento*, demostró que, aunque "Ningún arrepentimiento" es un tatuaje popular, es también algo imposible de alcanzar. La persona promedio toma hasta 35 000 decisiones al día.[1] ¿Has dado en el clavo en 35 000 de 35 000 un lunes? Yo tampoco. Incluso la vida más calculada y prudente termina con algunos arrepentimientos.

¿Eficacia máxima? Eso suena como si fuera un robot. "HE ALCANZADO UNA EFICACIA MÁXIMA, PERO SE REQUIERE MANTENIMIENTO".

¿Y si la vida fuera más sencilla que ese pensamiento?

Mientras más pensaba en ello, más seguía regresando a una pregunta fundamental: ¿Y si todo lo que necesitas es una meta?

¿Podría desencadenar multitud de metas fáciles que caerían en cascada hacia grandes logros al convertir eso que de repente me importaba (mi potencial) en una meta?

¿Podría usar esa idea para llegar a ser parte del 4 por ciento de personas que dicen: "¡Sí! ¡Estoy aprovechando mi inmenso potencial!".

Al principio solamente tenía una pizca de fe en ello, pero eso era lo único que necesitaba para comenzar.

Equipado con esa única idea, comencé a explorar en serio el concepto de potencial. Todo fue muy bien aproximadamente por catorce segundos, hasta que me encontré frente al mismo muro que tú has encontrado antes.

LA LISTA

1

REGRESA AL FUTURO

"¿Qué quieres ser de mayor?". Esa pregunta me paraliza.

Desearía que eso no sucediera. Desearía soñar con que el futuro fuera algo que se me diera mejor. Desearía no quedarme helado cuando alguien me pregunta: "¿Cuál es tu gran meta, difícil y audaz?", pero me sucede.

Este es mi séptimo libro de autoayuda, de modo que cualquiera pensaría que se me daría bien imaginar el futuro, pero no es así. Cuando al principio comencé a trabajar en mi potencial, me encontré con el mismo obstáculo que había enfrentado mil veces antes: el muro de la visión.

El muro de la visión es la puerta de entrada que se interpone entre tu potencial y tú. Tiene una sola regla: para alcanzar tu potencial, primero debes crear una visión detallada, persuasiva y de largo alcance para tu vida. Yo no inventé este muro; casi todos los libros de planificación de vida escritos han añadido a ese muro ladrillo a ladrillo.

El ejemplo más famoso es del libro de Stephen Covey, *Los 7 hábitos de la gente altamente efectiva*. El hábito número 2 es: "Comienza con el fin en mente". Después de millones de ejemplares vendidos y de que se compartieran millones de malinterpretaciones, esa idea ha mutado a esta: "Si no conoces el fin, no puedes comenzar". Covey no escribió eso, pero eso mismo es lo que el muro de la visión te dice que significa.

Más recientemente, el muro de la visión convirtió el popular *Comienza con el porqué*, de Simon Sinek, en: "No lo intentes hasta que sepas por qué". Este brillante libro en realidad no presenta el concepto de ese modo, pero el muro de la visión no juega limpio. Lo que comenzó como una directiva esclarecedora, pensada para ayudar a empresas como Apple a descifrar su ética y sus valores, se convirtió en una clave mítica que los individuos necesitan adquirir antes de aprovechar todo su potencial. En una ocasión, observé a un amigo emplear seis meses intentando descifrar su porqué con libros, *coaches* y pruebas de personalidad. Estaba convencido de que, en cuanto conociera eso, todo lo demás encajaría en su lugar.

EL MURO DE LA VISIÓN ES LA PUERTA DE ENTRADA QUE SE INTERPONE ENTRE TU POTENCIAL Y TÚ.

¿Quién puede culparlo? El muro de la visión te dice: "¿No hay por qué? No hay intento".

Los emprendedores se chocan contra el muro de la visión cuando los expertos les dicen que deben conocer cuál es su micronicho antes de iniciar un negocio. No puedes ser florista; eso es demasiado amplio. Deberías decidir enfocarte en vender orquídeas de Malasia a diseñadores de interiores pelirrojos de San Diego que se llamen Alexis. A mí me tomó veinticinco años de escritura profesional a tiempo completo el poder centrar la diana en mi nicho y mi audiencia objetivo, pero tú deberías conocer el tuyo antes de comenzar.

Aprovechar todo tu potencial es fácil, entonces. Lo único que tienes que hacer es predecir el final, descubrir tu porqué, e identificar correctamente tu micronicho con precisión láser. Entonces puedes comenzar.

MUERTES FALSAS, AUTOS FALSOS Y PROBLEMAS REALES

A fin de escalar el muro de la visión, a menudo probamos trucos para motivarnos, como imaginar que vamos a morir. Si solamente te quedaran seis meses de vida, ¿qué incluirías en tu lista de deseos? Esta clase de ejercicios, de los cuales he escrito antes y he probado en mi propia vida, se desmoronan de inmediato en el mundo real. Si me estuviera muriendo no me molestaría en pagar mis impuestos, presentar facturas a los clientes, ser amable con vecinos difíciles, doblar la ropa, o un millón de otras cosas aburridas y molestas que una vida plena requiere. Estaría demasiado ocupado haciendo paracaidismo, escalando montañas, observando el vuelo de un águila, y la diversidad de otros puntos incluidos en la canción de Tim McGraw que tiene el título tan apropiado de "Vive como si te estuvieras muriendo".

Aunque se ha demostrado que se produce un crecimiento positivo postraumático en personas que sobreviven a la pérdida y la enfermedad, yo no he conocido a una sola persona que tuviera un cambio de vida sostenido después de plantearse un susto de salud imaginario. ¿Motivación momentánea? Eso sí. ¿Cumplimiento a largo plazo? No.

Tú tampoco has conocido a esa persona. "¿Qué cambió realmente mi vida? Un accidente de tráfico imaginario que causó una caída por un puente imaginario a un río imaginario. Cuando finalmente pude nadar hasta la orilla, ¡prometí que iba a imaginar ser una persona nueva!".

Yo no conocía mi final, ni tampoco conocía mi porqué. Si tenía algo, era que me sentía completamente divorciado de mi deseo. Nos veíamos en los días festivos y en vacaciones ocasionales, pero mayormente parte sentía que el deseo era un total desconocido para mí. "Sé leal a ti mismo" es útil si sabes quién eres, pero yo no lo sabía, razón por la cual pensé durante años que era un fan de los vehículos Jeep.

Con treinta y tantos años soñé con poseer algún día un Jeep Wrangler. Constantemente los construía en el internet. Exclamaba con sorpresa cada vez que veía uno. Imaginaba un futuro en el que necesitaría un tubo a un lado de mi vehículo porque regularmente atravesaría riachuelos y lugares parecidos. ¿Una pala en el cofre? La necesitaba. ¿Combustible extra para expediciones particularmente largas fuera de carreteras? Lo añadía. ¿Una diminuta escalera de tres peldaños que ofreciera sesenta centímetros de visibilidad adicional? Mejor añadir una también, porque planeaba estar constantemente subido a ella. Conversaba con dueños de Jeep y prometía que comenzaría a hacer la ola cuando pasara al lado de uno de ellos en la carretera en cuanto yo tuviera uno.

Después de una década de oírme hablar de los Jeep, mi esposa Jenny finalmente se hartó. Cuando nos sentamos a conversar sobre comprar un auto nuevo, ella me sorprendió y dijo: "Creo que ni siquiera te gustaría un Jeep".

Me quedé atónito. Debería haberle dicho: "Tú no lo entenderías, pues son cosas de Jeep", pero hemos acudido a mucha consejería matrimonial, de modo que en lugar de eso practiqué la escucha reflexiva.

"Cuando dices que no me gustaría un Jeep, ¿a qué te refieres?", le pregunté.

"Tú no eres un hombre de estar siempre al aire libre. No te gusta ensuciarte, apenas si toleras ir de campamento porque a mí me encanta, y te pones furioso cuando pisas un cubito de hielo derretido en la cocina y tu calcetín se moja", me respondió ella.

"Sí, porque es como llevar un charco contigo todo el día en tu pie. Pero siempre he sido un tipo al que le gusta el Jeep. Si no lo soy, entonces, ¿qué debo hacer con el logo 'Vida marina' en el parachoques?".

"No sé nada de eso, pero creo que eres un tipo de autos de tres puertas".

Ni siquiera sabía lo que significaba esa frase, pero una semana después estábamos probando el manejo de un pequeño auto Volkswagen rojo GTI de tres puertas. Una semana y diez minutos después, me enamoré de él. Un mes después, estaba probando entrar de frenada en lugares de estacionamiento porque era divertido manejar mi auto, parecido a uno de carreras.

Así de desconectado estaba yo de lo que realmente me gustaba. Y eso es solamente el auto que manejo. Imagina cuán confundido estaba acerca de mi visión para el futuro. Una cosa es un vehículo, y otra muy distinta es lo que quiero hacer con el resto de mi vida.

Si hay que conocer el futuro antes de cambiar el presente, entonces yo estaba en problemas. Ni siquiera podía imaginar el tipo de auto que me gustaba.

Tenía que haber otro modo.

EL ESPEJO RETROVISOR

Yo tenía décadas de evidencia que me decían que el enfoque popular del potencial no funcionaba para mí, y apuesto a que tampoco funciona para ti. Eso se debe a que, cuando te sientas e intentas trazar el plan del futuro, despiertas cada inseguridad que tienes. Cada duda, cada temor, y cada fracaso del pasado se vuelve muy locuaz cuando escudriñas el horizonte e intentas mejorarte a ti mismo. "Vaya, ¿crees que puedes escribir un libro? ¿Crees que puedes iniciar una empresa? ¿Crees que puedes ser corredor? ¿A tu edad? ¿Con tus antecedentes? ¡De ningún modo!".

El lienzo en blanco en el que planeabas dibujar tu potencial se llena de obstáculos, excusas y retos antes de que des ni siquiera el primer paso.

Mirando fijamente ese estúpido muro de la visión otra vez, decidí probar algo que nunca antes había hecho. En lugar de mirar adelante, miré atrás.

No fue una decisión particularmente estratégica por mi parte; fue simplemente la única opción que me quedaba. No estaba aprovechando mi potencial en el presente. Mi futuro no me proporcionaba ninguna repuesta útil. ¿Adivinas qué me quedaba? El pasado.

Mirar atrás parecía contraproducente al inicio e iba en contra de cada señal que me decía: "No mires atrás; no te dirijas por ese camino". Sin embargo, en el momento en que lo hice, supe que me había tropezado con una herramienta que cambiaría toda mi vida. Resulta que el camino hacia el inmenso potencial comienza en el último lugar donde todos pensamos mirar: el espejo retrovisor.

EL PASADO ES EL FUTURO

Hagamos un cuestionario rápido.

¿Qué actividad sería más fácil para ti?

1. Describe la mejor vida que podrías alcanzar en los veinte próximos años.

2. Describe las mejores cosas que te han sucedido en los últimos veinte años.

Una es fantasía; la otra es historia.

Una de ellas requiere la valentía de atravesar todo temor, la capacidad para lanzar la visión de Warren Buffett, la creatividad que da forma al futuro de Elon Musk, la positividad desenfrenada de Oprah, y la persistencia y paciencia del Cuerpo de Operaciones Especiales de los Estados Unidos.

La otra requiere una pluma y un pedazo de papel.

Por años probé la primera opción y nunca tuve éxito alguno. Estaba en cero contra un millón en el muro de la visión. Finalmente, sentado una tarde en el aeropuerto de Augusta, Georgia, decidí darle una oportunidad a la segunda opción.

Escribí "Mejores momentos" en una página en mi cuaderno, y entonces comencé a anotar cosas. Imaginé que mi pasado era un libro, y tenía un marcador fluorescente amarillo en mi mano para identificar fácilmente lo que tenía más importancia.

Comencé mi lista en ese pequeño aeropuerto sureño porque acababa de experimentar uno de esos momentos y estaba fresco en mi mente. Hablar la noche anterior a una multitud en la Cámara de Comercio de Augusta fue lo mejor; por lo tanto, anoté eso en mi cuaderno. Continué con algunos momentos clásicos porque ese era el modo más fácil de meterme en el ejercicio. Garabateé lo siguiente:

+ El día de mi boda.

+ El nacimiento de mis dos hijas.

+ Viajar a lugares como Santorini, Costa Rica o Nueva York en la época navideña.

+ Cuando liquidé mis préstamos de estudio.

Cuando las más obvias ya estaban ahí, surgieron algunas más inusuales:

+ La vez en que mi amigo y yo comimos una langosta de cuatro kilos en el restaurante Martha's Vineyard. Tenía el tamaño de una maleta de mano y hubo que abrirla con una sierra circular.

+ Acariciar a Scout (el perro de mi vecino) cuando me estoy enfriando después de una carrera.

+ Cuando uno de mis autores favoritos, Steven Pressfield, me envió una nota de aliento por un libro que yo estaba escribiendo.

TIENES GARANTIZADA LA VICTORIA EN UN JUEGO CUANDO ERES TÚ QUIEN ESTABLECE LAS REGLAS.

No todos los mejores momentos que anoté eran eventos singulares. Algunos eran cosas que suceden frecuentemente.

+ Cuando comienza un mes nuevo y tengo treinta días por delante a mi disposición.

+ Mirar por la puerta principal y ver que hay un paquete en nuestro porche.

+ Hacer reír a mi esposa y mis hijas.

Algunos simplemente parecían cosas insignificantes que me gustan personalmente:

+ Recorrer el supermercado Costco, especialmente en la época navideña.

+ Sentarme en un reservado en lugar de una mesa en un restaurante.

+ Ver pájaros en nuestro comedero para aves.

Anoté dos decenas de mejores momentos en el aeropuerto aquel día, y seguí añadiendo otros nuevos a medida que venían a mi mente durante los días siguientes.

No puse ninguna restricción a lo que calificaba para ser un mejor momento. Quería sentir que era un juego y no una tarea. Si quería incluir algo importante, como "Recibir la llamada telefónica diciendo que entré en la lista de éxitos de ventas del *New York Times*", o algo pequeño como "La satisfacción de ordenar mi escritorio al final de la semana de trabajo", podía hacerlo.

La lista tenía una sola regla: *Todo cuenta.*

Despedí en mi cabeza a ese portero de discoteca gruñón que juzga con dureza todas mis ideas. No había junta de admisión que revisara las solicitudes. No había ninguna comunidad de propietarios para asegurarse de que el buzón de correo tuviera el color apropiado. Cada momento de cualquier tamaño e importancia entraba en la lista.

Fue fácil crear la lista, porque tienes garantizada la victoria en un juego cuando eres tú quien establece las reglas.

TU PASADO ESTÁ LLENO DE SORPRESAS

Aunque sabía que aprendería al menos un poco al crear una lista de mejores momentos, no esperaba mucho de ese ejercicio. Yo soy un loco de las metas y he probado casi todas las técnicas de automejora, pero por alguna razón, esta lista estaba llena de sorpresas.

La primera sorpresa fue que la lista me hizo sentirme estupendamente. *A posteriori*, esta revelación no debería haberme sorprendido porque es imposible hacer una lista de tus mejores momentos y no sentirte mejor. Esencialmente, les dije a mi cabeza y mi corazón: "Por favor, busquen los mejores momentos que he experimentado en la vida. Encuentren los amigos, los recuerdos y las memorias que realmente más me importan".

Supongo que mi cabeza y mi corazón quedaron confusos por esa petición, porque tienden a creer que su tarea es hacer precisamente lo contrario. No tienen rival a la hora de recordar errores que he cometido a lo largo de los años y después reproducirlos en momentos al azar. Es como una serie constante de fiestas sorpresa, a excepción de que, en lugar de que el cartel diga "¡Feliz cumpleaños!", siempre dice: "¿Recuerdas eso horrible que hiciste?".

Desde cosas vergonzosas que no debería haber dicho hasta errores que cometí en empleos en los que no he trabajado en años, mi catálogo de remordimientos es épico. Los científicos lo denominan *sesgo de negatividad*. Es así como funciona nuestro cerebro. Enfatiza lo negativo en exceso y resta importancia a lo positivo como manera de protegernos contra las amenazas. "A los ocho meses de edad, los niños se voltearán más rápido para mirar la imagen de una serpiente que de una rana, y una cara triste en lugar de una cara feliz".[1]

Sin embargo, por primera vez yo buscaba deliberadamente momentos que me produjeron alegría. Eso me hizo sentir un poco rebelde porque durante las últimas décadas la psicología moderna ha estado obsesionada con la tristeza. En su libro *La auténtica felicidad*, Martin Seligman destaca: "Por cada cien artículos en revistas sobre la tristeza, hay solamente uno sobre la felicidad".[2]

Yo experimenté eso en mi propia vida en incontables sesiones de consejería y *coaching*. En un entorno grupal, me indicaron que dibujara un "huevo de traumas". En una hoja de papel grande, dibujas la forma de un huevo y después la llenas de garabatos de todo lo horrible que te haya sucedido desde que naciste hasta el presente. En grupos pequeños con otras parejas casadas, cuando "compartimos nuestras historias" al inicio de un grupo nuevo, siempre termina siendo una letanía de las cosas terribles que hemos hecho o que nos han hecho.

Ni una sola vez me pidieron que creara una lista de mis mejores momentos en la vida, como si no importaran o no tuvieran nada que enseñarme. La lista de mejores momentos cambió eso. En lugar de cavar en una mina de carbón en busca de errores, me invitó a buscar dentro de una mina de diamantes en busca de esperanza.

La segunda sorpresa que experimenté mediante este ejercicio fue que la lista me hizo sentirme agradecido. No te aburriré con la ciencia de la gratitud, pero un estudio tras otro han demostrado cuán bueno es para nosotros. Sé que eso es verdad, y en lo profundo de mi ser tiene sentido; sin embargo, personalmente me ha resultado siempre difícil practicar la gratitud sin tener un plan. Cuando alguien dice: "Deberías estar agradecido" o "Deberías tener una mentalidad de abundancia", yo siempre pienso: "De acuerdo, pero ¿cómo?".

Yo quiero pasos prácticos y factibles. Eso es exactamente lo que me dio la lista de mejores momentos. La lista se convirtió en un atajo hacia la gratitud para mí. Crearla me hizo sentirme agradecido por muchas cosas en la vida que había olvidado o que había dado por sentadas.

La tercera sorpresa fue que la lista me enseñó consciencia de mí mismo, lo cual es un superpoder por sí solo. Si no tienes consciencia de ti mismo, no puedes tener relaciones auténticas, tener éxito en el trabajo, mantenerte en forma, o lograr cualquier otra meta que importe en la vida. ¿Cómo podrías lograrlo? Sin consciencia de ti mismo, no tienes un cuadro preciso de la realidad. El líder que piensa que es apasionado se sorprende un día porque lo despiden a causa de problemas de ira. El papá que tiene cincuenta años es insultado cuando su médico le advierte que tiene sobrepeso de modo peligroso. La joven de casi treinta años está confusa porque sigue atrayendo a perdedores, sin preguntarse ni una sola vez si es ella quien necesita cambiar primero.

La consciencia de uno mismo es como cuando entregas unos lentes de espectro completo a alguien que ha sido daltónico toda su vida, o cuando prendes implantes cocleares y un niño pequeño finalmente oye la voz de su mamá por primera vez. ¡Mira todos los colores que puedo ver! ¡Escucha todos los sonidos que puedo oír! ¡Fíjate en todos los momentos de la vida que hacen que me anime!

ESTAR PRESENTE ES SENCILLAMENTE APRENDER A SENTIRTE NOSTÁLGICO EN CUANTO AL MOMENTO EN EL QUE TODAVÍA ESTÁS.

No puedes aprovechar tu potencial si no sabes lo que realmente te importa. ¿Adivinas lo que ocurre cuando haces una lista de los que consideras personalmente mejores momentos? Al instante ves lo que te importa. La lista es un pase rápido a la consciencia de uno mismo.

La cuarta sorpresa fue que la lista me enseñó consciencia plena. Ese es un término popular en estos tiempos, ¿no es cierto? Todos queremos estar más presentes. Queremos vivir en el momento, ¿verdad? ¿Sabes cuál es el camino más fácil para hacer eso? Comenzando a prestar atención a las cosas que te prenden y te animan. Estar presente es sencillamente aprender a sentirte nostálgico en cuanto al momento en el que todavía estás.

Si les dices a tu cabeza y tu corazón que busquen momentos asombrosos en tu pasado, de modo natural comienzan a buscarlos en tu presente. A medida que está sucediendo, te encuentras diciendo: "Vaya, este momento es asombroso, ¡debería añadirlo a mi lista!". Te haces presente. Solo estas cuatro sorpresas de la lista de mejores momentos valieron el precio del esfuerzo, que fue, una vez más, una pluma y una hoja de papel; pero la lista no estaba terminada todavía.

REGRESO AL FUTURO

Al leer la lista que ahora ya tenía 170 puntos, me asombró un pensamiento profundo que cambiaría cada día desde entonces: "Quiero más de eso". No quería detenerme en 170 puntos. Quería que la lista tuviera miles de puntos, diez mil puntos, ¡un millón de puntos!

Eso podría parecer exagerado, pero fue lo que sucedió cuando repasé la lista. No pude evitar pensar: "Quiero que esos momentos sucedan con más frecuencia". Olvidemos la mayor frecuencia; ¿puedo hacer que esos momentos sucedan todo el tiempo?

Yo soy por naturaleza una persona negativa. Soy sarcástico. A pesar de creer en la autoayuda, soy muy escéptico en cuanto a la mayor parte del tema. Me crie en Nueva Inglaterra con grandes quejas por las personas que prometen en exceso; pero, si pudiera pausar eso por un segundo, si pudiera suspender mi incredulidad por un minuto, ¿podría averiguar una manera de hacer de mis mejores momentos la regla y no la excepción?

¿Podría edificar una vida en la que saltara de un mejor momento al siguiente, participando profundamente en cada parte de mi día y no solo en ciertas horas, en ciertas semanas, en ciertos meses?

¿Podría hacerlo cualquier lunes común y corriente en el que no hay ningún viaje a un destino exótico ni ninguna victoria obvia en el calendario?

¿Podría aprovechar mi inmenso potencial en lugar de tan solo visitarlo ocasionalmente?

¿Podría deshacerme del arrepentimiento y hacer del resto de mi vida lo mejor de mi vida?

Si yo pude hacer eso, ¿podrías hacerlo también tú? Y lo más importante, ¿podría comenzar realmente con una lista?

2

CREA TU LISTA DE MEJORES MOMENTOS

En el capítulo anterior, intenté atraerte con sutileza a que hagas tu propia lista de mejores momentos. Hice un poco de publicidad subliminal, ¿no? ¿Quieres ser más consciente de ti mismo? ¿Quieres un modo rápido de aprender gratitud y consciencia plena? Pista, insinuación.

Sin embargo, si llegaste hasta el capítulo dos ya no eres solamente un lector casual, y estás preparado para hacer un poco de trabajo, especialmente si las recompensas son tan buenas como prometí.

Probablemente ya pensaste en algunos mejores momentos en tu vida. Apuesto a que ya has marcado algunos con tu propio marcador fluorescente. Tal vez incluso anotaste uno en el margen. Es un ejercicio fácil cuando lo inicias; sin embargo, para hacer que sea más fácil todavía, tenemos siete indicaciones que prenderán tu creatividad a medida que buscas tus mejores momentos.

1. EL TIEMPO SE ACELERA O SE RALENTIZA CUANDO YO....

Cuando yo escribo, algunas veces levanto la mirada y me sorprende la hora que es, porque parece que las horas pasaron volando. Otras veces sucede lo contrario: me levanto temprano y me sorprende cuánto he logrado cuando me doy cuenta de que son solo las 8:00 de la mañana. El tiempo pareció pasar lentamente. Investigadores del

Kavli Institute for System Neuroscience (Instituto Kavli para Neurociencia de Sistema) estudiaron ese fenómeno exacto. Descubrieron que "al cambiar las actividades en las que se participa, el contenido de la experiencia, realmente se puede cambiar el rumbo de la señal del tiempo en la CEL (la parte de la corteza entorrinal lateral del cerebro) y, por lo tanto, el modo en que percibimos el tiempo".[1] Cuando tienes la sensación de que el tiempo se está acelerando o ralentizando, no es solamente una sensación, sino que también es ciencia.

¿Hay alguna actividad que te gusta tanto hacer que altera tu sensación del paso del tiempo? La palabra clave es *gustar*. Esperar en la fila del supermercado ralentizará el tiempo, pero nunca añadirías eso a una lista de mejores momentos. He planteado esa pregunta a miles de personas a lo largo de los años, y las respuestas llegan de todas las formas y tamaños.[2] Para Joe Wehmann, editar videos detiene el reloj. Para Kathryn Marie es la enseñanza. Ella dice: "Cuando me sumerjo en una lectura rutinaria acerca de la historia para mis alumnos, a veces me sorprende la rapidez con la que pasó el tiempo". Para Jessica Benzing Smith es estar en la naturaleza. ¡Ella y su esposo han caminado al aire libre durante 847 días seguidos! Para Michael Seewer es cocinar, y para Nikki Rimble es tocar el piano.

Editar videos es mi pesadilla. Apenas si sé hervir agua. Las lecciones de piano me parecían algo que mis padres me obligaban a hacer porque me aborrecían. Sin embargo, eso no está en mi lista. Es tu lista, de modo que tus respuestas serán distintas a las mías y tal vez distintas también a cada uno de los ejemplos que aparecen en este libro.

Para encontrar algunos de tus mejores momentos, mira el reloj. Te dará indicaciones si le planteas preguntas.

2. EL MEJOR EMPLEO QUE ALGUNA VEZ TUVE ERA ...., Y EL MOTIVO POR EL QUE ME GUSTABA TANTO ERA PORQUE...

Además de dirigir mi propia empresa, el mejor empleo que tuve fue trabajar para Dave Ramsey, un conocido experto en finanzas personales. El motivo por el que me gustaba tanto era porque organizábamos eventos en directo por todo el país. Cuando llevaba tres meses en mi empleo, él me invitó a hablar ante ocho mil personas en un estadio. Eso era 7900 personas más ante las que había hablado jamás, ¡y fue lo MEJOR!

Si nunca tuviste un mejor empleo, abrevia la indicación: "Mi parte favorita de mi último empleo fue…". En mi último empleo, cuando vivía en Atlanta, teníamos una reunión cada miércoles en la que presentábamos nuestros proyectos actuales ante los ejecutivos. Me gustaba la regularidad de ese calendario porque siempre ayudaba a dar forma a mi semana. Los eventos en vivo y las reuniones de empresa son experiencias de trabajo muy diferentes, pero ambas entrarían en mi lista.

3. CADA VEZ QUE VEO ...., SONRÍO.

Es divertido contestar en este punto porque podría ser una persona, un lugar, o una cosa. Siempre que veo a mi amigo Rob Sentell sonrío, porque él es muy divertido y sé que pasaremos riendo todo el tiempo que estemos juntos. Siempre que veo la zona de descanso en lo alto de Monteagle, Tennessee, sonrío porque significa que he dejado a mis espaldas el tráfico de Chattanooga y de Atlanta. La colina desciende, el límite de velocidad aumenta, y ahora el camino es recto y plano hasta llegar a Nashville. Siempre que veo mi navaja marca Benchmade sonrío, porque me hace sentir que vuelvo a ser un muchacho.

Kathryn Hanson dijo que ella siempre sonríe cuando ve a su hijo hacerse camino en el mundo. Una tarde, lo vio bajarse del autobús y pasar por delante del camino de entrada deliberadamente para así poder atravesar una zanja embarrada de camino a la casa. Le hizo reír que su brusco muchachito no desaprovechara un charco. Añadió ese momento a su lista.

La próxima vez que te agarres a ti mismo sonriendo, mira a tu alrededor y pregúntate el motivo. Habrá un mejor momento ahí.

4. SI HOY TUVIERA UNA HORA LIBRE, LA EMPLEARÍA EN.....

Me gusta ver videos en Instagram en los que los *influencers* dan dinero al azar a personas que tienen necesidad. Un tipo comienza su video pidiendo un dólar a alguien, y si se lo da, devuelve esa bondad con mil dólares. Si fuera yo y pudiera darte en cambio una hora gratis, ¿cómo la emplearías hoy? No mires tu lista de quehaceres, la ropa que hay que doblar, o algo que *deberías* hacer. ¿Qué *querrías* hacer con esa hora? ¿Cuál es la primera respuesta que viene a tu mente?

5. SI GANARA 163 MILLONES DE DÓLARES EN LA LOTERÍA, CONVERTIRÍA TAMBIÉN EN MILLONARIO A...

Esa es una cantidad de dinero muy concreta, pero solamente porque sucedió realmente. En octubre de 2001, Dave Dawes y su novia Ángela ganaron 101 millones de libras, aproximadamente 163 millones de dólares. Además de hacer donativos a organizaciones sin fines de lucro, decidieron hacer millonarios también a algunos amigos y familiares. "Hemos confeccionado una lista de quince a veinte personas… cualquiera que nos ayudó en nuestras vidas", dijo David.[3] En lugar de intentar pensar solamente en qué relaciones añadirías a tu lista de mejores momentos, piensa a qué personas darías un millón de dólares.

6. PODRÍA PARECER QUE ESTOY PRESUMIENDO, PERO TRES DE MIS MAYORES LOGROS SON: 1…… 2…… 3……

No tenemos tiempo para desperdiciarlo en timidez o en el temor a ser catalogado de presumido cuando estamos creando una lista de mejores momentos. Si has logrado algo que te enorgullece, si hiciste una señal de victoria con tu puño en el auto cuando manejabas de regreso a tu casa tras una reunión exitosa, o si no dejaste de pensar durante todo el día cuándo encajaron todas las piezas en un proyecto, anota eso. Tenemos tan pocas maneras para celebrar nuestras victorias en la vida, que este punto puede ser difícil al principio. Leslie McQuiston, uróloga pediátrica, anotó: "Soy mamá y cirujana; eso es, me apropio de ello. No me avergüenza". ¿Puedes imaginar un mundo en el que le dijeron a una mamá que debería avergonzarse de tener esos dos logros? Yo sí que puedo. Se llama "nuestro mundo". No te acobardes. Aprópiate de ello.

7. CUANDO VEO LAS FOTOGRAFÍAS EN MI TELÉFONO, SIEMPRE RECIBO INSPIRACIÓN CUANDO VEO…

No solo intentes imaginar lo que te alienta; revisa tus fotografías y mira qué momentos te importaron lo suficiente para tomar esa foto. Te garantizo que hay algunos que olvidaste. Erin Clark, que es analista, descubrió que los recuerdos de Facebook hacían que le resultara más fácil crear una lista de mejores momentos. No tengas temor a acudir a la tecnología para encontrar un poco de ayuda.

Estas indicaciones serán suficientes para situarte en la línea de salida, pero si realmente quieres entusiasmarte con tu lista, puedes agarrar otros veinte puntos más y treinta ejemplos de lo que yo mismo incluí en mi lista en https://acuff.me.

También tú puedes crear tus propias pistas e indicaciones.

A Tahis Blue, una de las participantes en la investigación, le gustó mi lista de preguntas, pero me dijo: "En la larga temporada de la crianza de niños pequeños, puede ser todo un reto recordar momentos asombrosos y esperar otros nuevos". Por lo tanto, redactó dos de sus propias preguntas para crear su lista: "(1) ¿Cuándo sientes o has sentido la mayor alegría con tus hijos? (2) ¿Cuándo te sentiste o qué te hace sentirte conectada con tu esposo?".

Otro modo de ampliar tu lista es preguntar a amigos si hay algo que ellos añadirían. Recuerda que yo no tuve un momento "eureka" y descubrí mágicamente que me gustaba el Volkswagen GTI. Le pregunté a mi esposa qué pensaba ella, y me ayudó. Todo lo que necesitas hacer es enviar un mensaje de texto a un amigo y decir algo parecido a lo siguiente:

> Estoy trabajando en un ejercicio con un autor llamado Jon Acuff llamado "Lista de mejores momentos", donde puedo crear una lista inmensa de las cosas que me motivan. Pueden ser recuerdos de mi pasado, pasatiempos que me gustan, habilidades que hago de modo natural, o cualquier cosa que me cause alegría. Él dice que a veces nos resulta difícil observar eso, porque es como si estuviéramos tan cerca del cuadro de nuestras vidas, que realmente

no podemos ver el lienzo completo. Como amigo que tiene una perspectiva más amplia de mi vida, ¿hay algo que añadirías a mi lista?

Si eres una persona introvertida y esta última sugerencia te causó un escalofrío, no hay problema. Crea tu lista del modo que funcione para ti. Yo anoté por primera vez mis mejores momentos en un cuaderno antes de pasarla a un documento Word, porque tiendo a aprender físicamente y a apreciar la experiencia táctil. Si tú prefieres dibujarla, dictarla en un archivo de audio que después transcribirás, o convertirla en un collage, adelante. El método que uses en realidad no importa mientras termines con una colección de momentos que te hagan echar un vistazo a ti mismo. Bryan Robinson escribió sus mejores momentos en notas adhesivas que tenía al lado del teclado de su computadora. ¿Por qué? "Para así poder añadir puntos fácilmente, verla, ¡y continuar siendo alentado por la lista!", dijo él.

Yo no fui el único beneficiado por esta sencilla herramienta. Cuando lancé un estudio de seis semanas de la lista de mejores momentos con más de 250 personas, me alentó ver que, aunque todos ellos usaron distintos métodos de recolectar momentos, los resultados fueron los mismos. Cuando reté a los participantes a incluir treinta puntos, Eric Recker, dentista en Pella, Iowa, sobrepasó por mucho esa cifra. "Mi lista no deja de aumentar", me dijo él. "Ya tiene más de 150 puntos. Estoy entendiendo muchas cosas. En esta vida en la que puse demasiada presión sobre mí mismo y que he batallado para permitirme disfrutar, he creado muchos recuerdos y momentos asombrosos a lo largo del camino. Realmente es una vida estupenda. Y ya estoy encontrando maneras de tener más de esos momentos. La lista es ya transformadora, ¡y creo que lo mejor está aún por llegar!". Eric convirtió el potencial en una meta, usó su lista de mejores momentos como una herramienta útil, y quedó sorprendido por los resultados.

Esa no fue la respuesta inmediata de todos, desde luego.

Verónica dijo: "Esta lista ha sido desafiante para mí porque me quedo tan atascada en mi mente todo el tiempo, que a menudo no me doy cuenta de los momentos 'asombrosos'".

Rita dijo: "Sé que he tenido varios mejores momentos, pero mi tendencia es a devaluar las cosas que se relacionan conmigo".

Carol dijo: "No fue fácil al principio; soy pesimista por naturaleza".

Todas ellas son respuestas perfectamente correctas porque la lista de mejores momentos es lo contrario a todo lo que te enseñaron a hacer:

No presumas.

Enfócate en tu trauma.

Busca averiguar tu futuro.

Pensar en ti mismo es egoísta.

Para muchas personas, este ejercicio parecerá algo muy ajeno a ellas, pero fue divertido observar hacer progresos a todos los que batallaban con ello. La última vez que hablé con Carol, estaba asombrada con su lista: "Cuando comencé, se fue haciendo más fácil. Seguí añadiendo puntos a la lista. Ayer fue el almuerzo con una amiga a quien no había visto en meses. Hoy recogí de la escuela a mi nieto y jugamos a las granjas con los tractores de juguete que guardé de mi hijo cuando era pequeño. Este preciso momento es el mejor porque estoy sentada junto a mi esposo escuchando los pájaros y el sonido de una cascada". Ella añadió tres cosas a su lista sin pestañear.

LA LISTA DE MEJORES MOMENTOS ES LO CONTRARIO A TODO LO QUE TE ENSEÑARON A HACER.

La clave para un ejercicio como este es recordar lo que te dije en el capítulo uno: despide al portero de discoteca. Todo el mundo puede entrar en el club. No hay cordón de terciopelo, no hay lista de invitados, ni tampoco código de vestimenta. Puedes poner cualquier cosa en tu lista de mejores momentos.

¿Cuántos momentos estarán en tu lista? No lo sé. No hay un número perfecto al que deberías apuntar, ni es tampoco el tipo de ejercicio que terminas. Yo añadí más de 170 las primeras semanas que lo probé, y ahora añado un nuevo momento cada dos días aproximadamente.

Si lo único que lograra la lista de mejores momentos fuera enseñar gratitud, consciencia de uno mismo, consciencia plena y felicidad, sería la hoja de papel más extraordinaria desde que se aprobó la Constitución. Sin embargo, cuando pasé un poco más de tiempo examinándola, me di cuenta de que ni siquiera había arañado la superficie de lo que era capaz de lograr.

¿Recuerdas esos pósteres en 3D de la década de 1990? ¿Esos que si te quedabas mirándolos fijamente el tiempo suficiente aparecía de repente un unicornio en un barco de vela? Eso fue lo que sucedió cuando miré realmente la lista; solamente que las cuatro cosas que vi fueron mucho mejor que un unicornio.

3

CONQUISTA EL FUTURO CATEGORIZANDO EL PASADO

Nunca he llenado una evaluación de personalidad con sinceridad.

He tomado muchas de esas evaluaciones y pruebas. Dime cualquier acrónimo (DISC, MBTI, FFM), y probablemente he llenado una para uno de mis empleos, pero nunca lo he hecho realmente con sinceridad.

Eso está bien, porque tú tampoco lo has hecho. Nadie lo ha hecho. A pesar de mis mejores intentos, siempre se cuela algún grado de "debería haber puesto".

Debería responder esta pregunta de modo diferente.

Debería marcar esta casilla si quiero que me consideren un líder.

Debería escoger esta opción si quiero que me asciendan.

Deberían importarme más las habilidades de escucha, así que debería escoger esta respuesta.

Es imposible no maquillar al menos algunas de tus respuestas cuando decides quién te gustaría ser, pero realmente no lo eres todavía.

Yo tomé un test de personalidad que preguntaba: "¿Alguna vez sentiste que podrías ser un monologuista?". Estaba claro que yo debía responder "No". No estoy seguro del motivo por el que eligieron esa profesión específicamente, pero de ninguna manera quería que algún gerente revisara la respuesta a esa pregunta en una conversación sobre salario con otros líderes en la empresa. "Jon mismo reconoce que podría ser un monologuista. Creo que deberíamos degradarlo, o como mínimo darle un cubículo más pequeño al lado del baño".

Incluso si tú mismo no te consideras una persona divertida, muchas de las preguntas acerca de quién eres pueden discurrir por caminos tan diferentes que es difícil dibujar un retrato preciso de ti mismo. Por eso la lista de mejores momentos es tan poderosa.

No es una lista ficticia de lo que podría interesarte e importarte. No es una fantasía acerca de lo que algún día podrías disfrutar, ni tampoco es un retrato construido desde las esperanzas que has tenido por años, pero que nunca has llevado a cabo. Es una instantánea de quién eres realmente. Y, ya sea que tengas treinta momentos en ella o tres mil, surgirán cuatro patrones que te mostrarán el futuro si miras con atención.

No sé lo que hay en tu lista, pero sé que cada momento encajará en una de cuatro categorías.

1. Experiencia
2. Logros
3. Relación
4. Objeto

Estas cuatro categorías han estado impulsando y motivando las mejores partes de tu vida durante años. Solamente estaban esperando que tú las observaras.

¿Qué significan?

CADA MOMENTO
ENCAJARÁ EN UNA DE
CUATRO CATEGORÍAS:

1. EXPERIENCIA
2. LOGROS
3. RELACIÓN
4. OBJETO

EXPERIENCIA – UN MEJOR MOMENTO EN EL QUE PARTICIPASTE

Podría ser una experiencia que sucedió una sola vez, como un viaje a Hawái. Podría ser una experiencia que sucede a menudo, como entrar en tu cafetería favorita. Te animas en el momento en que cruzas esa puerta. Podría ser una experiencia importante, como que te pidan asistir al baile de graduación en la secundaria, o algo tan pequeño como el olor de un nuevo libro cuando lo tienes en tus manos. ¿Acaso ustedes no huelen los libros nuevos? Se lo están perdiendo. Eso es toda una experiencia.

LOGROS – UN MEJOR MOMENTO LOGRADO MEDIANTE TU ESFUERZO

Esta es una meta o tarea en la que tuviste éxito. Firmar un contrato editorial es un logro. Levantarte temprano y esquivar el tráfico en tu viaje al trabajo en Atlanta es un logro. Conseguir un ascenso es un logro. Ordenar tu oficina un viernes en la tarde para que esté preparada el lunes en la mañana es un logro. Ir al gimnasio es un logro. Hay una victoria, sin importar cuán grande o pequeña sea.

Ver un águila calva cerca de mi casa fue una gran experiencia, porque no son comunes en Nashville, pero no hubo ningún esfuerzo por mi parte para hacer que eso sucediera. Sin embargo, si me uniera a un club de avistamiento de aves, leyera libros sobre grullas blancas, y viajara a otro estado para experimentar sus patrones migratorios, eso sería un logro.

RELACIÓN – UN MOMENTO QUE OTRA PERSONA HIZO QUE FUERA EL MEJOR

Este es un momento que fue mejor por tu interacción con otra persona. Si eliminaras a esa persona, el momento no entraría en la lista. Por ejemplo, salir a cenar con amigos cada miércoles en la noche es un momento de relación. Si saliera a cenar yo solo, incluso al mismo restaurante donde normalmente vamos todos, no lo añadiría como un mejor momento; por lo tanto, las personas son lo que más importa. Si otra persona participa en el momento, es un momento de relación.

OBJETO – UN OBJETO FÍSICO QUE CREES QUE ES EL MEJOR

Esta cuarta categoría es ligeramente distinta a las tres primeras. En palabras sencillas, es algo físico que pone una sonrisa en tu cara. Un nuevo par de tenis para correr es un objeto. Un par de auriculares favoritos que cancelan el sonido y hacen que el viaje sea mucho mejor, es un objeto. Un auto al que te emociona regresar en el estacionamiento después de hacer un recado, es un objeto. Un temporizador que usas para enfocarte durante el día, es un objeto.

Echa un vistazo rápido a tu lista. Cada punto encajará en una de esas cuatro categorías. He hecho esto con cientos de personas y miles de mejores momentos, y siempre funciona. Las cuatro categorías no tienen rival.

¿Por qué importa entender las categorías? Porque, cuando las entendemos, nuestra lista se transforma y pasa de ser una tarea acerca del pasado a ser una herramienta para el futuro. Es como ver finalmente los ingredientes individuales para tu comida favorita y entender que puedes cocinarla una y otra vez.

Armado con esa comprensión, comencé a catalogar mi lista.

EL DÍA QUE ESQUIÉ YO SOLO EN UTAH – EXPERIENCIA

Esquié yo solo, de modo que no es un momento de relación. No tuve éxito en nada, de modo que no es un logro. Si me encantó ese momento porque había registrado mi plano vertical con una app, habría sido un logro, pero no es eso lo que anoté. No soy el dueño de una estación de esquí, de modo que no es un objeto. Esquiar fue una experiencia.

VER LAS LUCES DEL AUTO EN EL SENDERO DE ENTRADA CUANDO NUESTROS HIJOS REGRESAN – RELACIÓN

¿Alguna vez has enseñado a manejar a un hijo? Es aterrador. Es asombroso cuán poco saben sobre esa arma tan pesada en la que estás a punto de enviarlos por la autopista a cien kilómetros por hora. Ver a mis hijas regresar a la casa desde la casa de una amiga significa que han regresado sanas y salvas. Eso es indudablemente un mejor momento para mí.

TERMINAR UN CUADERNO COMPLETO DE IDEAS – LOGRO

Si eres una persona a quien le gusta el papel, ¿alguna vez llegaste hasta la última página de un cuaderno? Es muy satisfactorio. Contrariamente a las veces anteriores en que escribí veinte páginas, me distraía por otro nuevo y abandonaba el cuaderno, esta vez lo terminé. Eso es un verdadero logro para alguien que tenía que escribir un libro entero titulado *¡Termina!*, solamente para enseñarme a mí mismo a pasar de ser un iniciador crónico a ser un rematador consistente.

CORRER LA CARRERA DE LA ROSQUILLA CON MI HIJA PEQUEÑA – RELACIÓN

¿Alguna vez te has comido cuatro rosquillas mientras vas corriendo un kilómetro todo lo rápido que puedas? Hablo de rosquillas gruesas, espesas, y glaseadas de las que hay en los supermercados, del tipo que hacen que sientas la boca grasienta solamente por leer esta frase. Yo lo hice. Fue horrible. Hizo que aborreciera las rosquillas durante un mes. ¿Por qué está incluida en la lista de mis mejores momentos? Porque la corrí con mi hija McRae.

ACUDIR PREPARADO A LAS REUNIONES – LOGRO

Las reuniones tuvieron varios cameos en mi lista de mejores momentos. Por ejemplo, el número 132: "Cuando una reunión termina temprano o, mejor todavía, se cancela". Cuando recupero quince o treinta minutos en mi día, me siento muy aliviado. Aunque no soy un gran fan de las reuniones, sí me gusta acudir a ellas preparado. En particular me gusta tener respuestas para las preguntas que sé que las personas harán. Eso es un logro.

Si parece que fue fácil para mí catalogar mi lista, eso se debe solamente a que lo fue. Es la herramienta más clara que puedes usar para entender qué es lo que te importa. Los objetos son fáciles de encontrar. No confundirás un par de tenis favoritas Jordan con un logro. Las relaciones también son sencillas de identificar. Si hay aunque sea una persona más en el momento, es un momento de relación. Los logros y las experiencias pueden resultar un poco borrosas, pero ¿fue tu esfuerzo la cumbre del momento, o solo algo que fue un cameo? Hacer senderismo es una experiencia. Hacer senderismo más rápido de lo que nunca antes lo hiciste es un logro.

Hacer senderismo con un amigo es una relación. Una piña que agarraste en el sendero y tienes sobre tu escritorio es un objeto.

Ni siquiera tienes que escribir la palabra completa. Repasa tu lista y pon solamente E, L, R u O al lado de cada punto, y después súmalos. Cuando yo hice eso, mi lista quedó así:

61 logros

59 experiencias

35 relaciones

15 objetos

Algunas cosas me resultaron sobresalientes en esos resultados.

1. ME GUSTAN LOS LOGROS MUCHO MÁS DE LO QUE CREÍA.

Me crie con una experiencia eclesial donde el éxito a menudo se consideraba algo malo y, por lo tanto, los logros eran algo a minimizar o de lo que estar avergonzado. Incluso si esa no es tu situación exacta, nuestra cultura no fomenta que nos sintamos orgullosos de lo que hicimos. Sube a las redes algo bueno que lograste, y alguien inevitablemente comentará con el *hashtag* #Presumido. La desgracia compartida es menos sentida y fomenta que se comparta eso en las redes sociales, pero nos resulta mucho más difícil celebrar cuando las personas están ganando.

Cuando estudié mi lista de mejores momentos, fue difícil negar una verdad sincera: los logros me resultan muy motivadores. Incluso en pruebas de personalidad, como el popular Eneagrama, yo solía ser extrovertido. Este Eneagrama postula nueve tipos básicos de personalidades (eneatipos), y el Siete me correspondía, el Entusiasta, al ser amante de la diversión. Sin embargo, a medida que he profundizado en quién soy realmente y he aprendido de ejercicios como este, parece que me acerco más a ser un Tres, el Triunfador. Soy motivado y ambicioso. Eso no fue una sorpresa para mis amigos, quienes a menudo se burlan acerca de mi obsesión con las metas, pero ver cuánto me gustaban las metas me agarró fuera de guardia inicialmente.

2. LAS RELACIONES SON IMPORTANTES, PERO NO MOTIVADORAS.

Solamente el 20 por ciento de mis mejores momentos incluían a otras personas. No soy un llanero solitario bajo ningún concepto, y me encantan las personas, pero soy mucho más introvertido de lo que creía originalmente. Lo que me confundía era que mi trabajo (hablar en público) parece una actividad extrovertida, pero al examinarla con más detenimiento no lo es. Todos podrían estar mirándome durante una conferencia, pero yo soy el único que tiene un micrófono. Estoy solo en esa plataforma, teniendo el control completo del momento. No estoy en una banda, creando algo nuevo con otras personas en el escenario al mismo tiempo. Me resulta mucho más difícil estar en un panel de veinte minutos con otras cinco personas que dar un discurso de apertura de noventa minutos yo solo, porque un panel requiere interactuar con otras personas, lo cual es verdadera extroversión. La lista me recordó que soy una persona introvertida.

3. LOS OBJETOS NO HACEN PRÁCTICAMENTE NADA POR MÍ.

Tal vez por eso, cada vez que intento usar un objeto como recompensa por haber terminado una meta, pierdo la motivación a mitad de camino. Por ejemplo, compré una impresión cara de un auto muy hermoso hace unos años atrás. Mi plan era vincularlo a alguna meta empresarial y entonces cortar la fotografía en decenas de pedazos. Cada vez que alcanzara una cifra económica, pegaría otro pedazo en una cartulina blanca y reharía el vehículo. Cuando terminara la última parte de la meta, compraría el auto. ¿Sabes dónde está ese póster ahora? En el tubo de cartón donde estaba cuando lo compré. No hice nada con él porque lo cierto es que, en realidad, no me importan los objetos. Por eso representaron menos del diez por ciento de mis momentos favoritos.

4. LAS REDES SOCIALES NO ENTRARON NI UNA VEZ EN LA LISTA.

Una de las partes divertidas de la lista de mejores momentos, es que te sorprenderá lo que falta en ella. Yo anoté más de 170 de mis mejores momentos, y ninguno de ellos involucraba las redes sociales. Por lo tanto, ¿por qué paso siete horas por semana en Instagram? ¿No es extraño dedicar el tiempo de casi toda una jornada de trabajo a algo que ni siquiera considero que es mejor?

Al repasar tu propia lista, ¿qué relaciones no mencionaste? ¿Qué experiencias no son importantes para ti? ¿Qué objetos crees que debes tener, pero realmente no te gustan? Si no entraron en tu lista, ¿por qué siguen estando en tu vida?

Un alto porcentaje de lectores no terminará entrando su lista, y lo entiendo. No me gusta cuando los libros me ofrecen decenas de tareas para completar, como si me hubiera apuntado a una clase y hubiera agarrado un libro tan solo para cancelar una curiosidad. Tampoco me gustan los manuales que pretenden ser libros, pero este no lo es. Si creas y categorizas una lista de mejores momentos, tendrás algo más que solamente una hoja de papel llena de recuerdos. Tendrás un fundamento que te ayudará a construir sobre tu potencial durante años.

UNA ADVERTENCIA Y UNA PROMESA

Cuando hablé de la actividad de la lista de mejores momentos con los participantes en la investigación, audiencias en directo, y cualquiera que incluso estableciera un remoto contacto visual conmigo durante la escritura de este libro, sucedió algo inesperado: las personas entendían el concepto, pero a menudo no creían que tenían permiso para probarlo. A todos nos han educado con fuerza para enfocarnos en los problemas del hogar, en las debilidades que debemos solucionar en el trabajo, y en los defectos con los que debemos lidiar en la escuela. Siendo así la situación, buscar los mejores momentos en la vida y las pequeñas victorias personales, parece algo poco natural.

Por lo tanto, te haré una advertencia: eso podría sucederte también al principio. Si hay un dragón en la puerta que evitaría que dieras el primer paso de este viaje, bien podríamos enfrentarlo. Te aseguro que, indudablemente, tienes permiso para crear tu propia lista de mejores momentos. Y cuando lo hagas, prometo que sé exactamente lo que te sucederá después: los mejores momentos de tu pasado te ayudarán a mejorar tu presente y a planear tu futuro.

Un mejor momento es cuando tu visión y tu realidad se solapan. Es cuando la vida que esperas podría encajar realmente en cómo es tu vida. Es cuando quien quieres ser se sitúa en consonancia con quién eres. En palabras sencillas, tu sueño encaja en tu día. Eso es lo que tienen en común cada uno de los mejores momentos: tu visión y tu realidad se unen.

Algunas veces, la realidad incluso sobrepasa tu visión de lo que era posible. Yo pude imaginar cómo sería la impresionante vista de mirar el océano Pacífico desde un restaurante al aire libre en Costa Rica, pero mi visión no pudo hacerle justicia. Las fotografías en el internet no le hacían justicia. Mi descripción ahora, incluso si te dijera cómo era la isla en el puerto y cuán sorprendente fue ver una familia de monos ardilla cruzando por lo alto de las copas de los árboles en la jungla, no le hace justicia. La realidad fue lo único que pudo captar ese momento. Por eso inventamos la frase: "Había que estar ahí".

EL POTENCIAL ES LA BRECHA ENTRE TU VISIÓN Y TU REALIDAD.

Y tú estuviste ahí. En decenas, tal vez cientos de momentos, experimentaste algo que hizo que el tiempo pasara más lentamente. Una situación en la que querías plantar tus pies, arraigarte en la tierra, y no irte nunca de allí.

Todos hemos estado ahí. Todos hemos probado un poco de lo mejor.

Pero también hemos experimentado la *comezón* del potencial. ¿Por qué es una comezón?

Porque el potencial es la brecha entre tu visión y tu realidad. Es cuando cómo creías que sería la vida, no encaja en cómo es la vida todavía.

La mejor noticia es que el potencial no puede desperdiciarse. No puede perderse. No puede cancelarse.

¿Por qué?

Porque tú no eres una bellota.

Recoger bellotas cuando las veo es, tal vez, la actividad más típica de "hombre mayor" que hago, junto con decir cosas como: "Realmente necesitábamos esta lluvia" y "no pesa, es solo incómodo" siempre que levanto algo, o "llegamos aquí justo a tiempo" siempre que se forma una fila a mis espaldas.

Sin embargo, no puedo evitar recoger una bellota porque es la imagen perfecta del potencial. En el interior de esa bellota hay un roble inmenso. Dentro de ese reino de unos centímetros hay kilos y kilos de madera. En el interior de esa diminuta semilla hay una cabaña de madera. Dentro de un puñado de bellotas hay un bosque entero. Recolecta unos cientos y sostendrás más de un kilómetro del Sendero de los Apalaches.

SIEMPRE ESTÁS A UN DÍA DE DISTANCIA DE INICIAR UN NUEVO BOSQUE.

El potencial de una bellota es fenomenal, pero es temporal. La bellotas duran unos pocos meses, y en ocasiones incluso algunos años, pero finalmente pasa su momento. Su potencial desaparece. No hay nada que se pueda hacer para reanimar esa bellota. No hay un paso, una técnica, una meta, ni una resolución que despertará lo que antes estaba escondido en su interior. La bellota ha pasado.

Pero tú no eres una bellota.

Tu potencial no puede arruinarse. No puede terminar. No puede dañarse sin posibilidad de reparación. Sin embargo, tu potencial puede ser ignorado durante un mes, o un año, o toda la vida si no tienes cuidado; pero siempre está disponible si decides trabajar en él.

Siempre estás a un día de distancia de iniciar un nuevo bosque. Siempre estás a un momento de distancia de abrir el cofre del tesoro que es tu potencial. Siempre estás a una decisión de distancia de aprovechar la persona que secretamente siempre supiste que podías ser.

La lista de mejores momentos es la primera herramienta que usaremos para hacer eso, pero llegó la hora de avanzar más allá de nuestro pasado. Es el momento de vivir en el presente y ganar el futuro. Para hacer eso, tendremos que lidiar con la persona más difícil que hemos conocido nunca.

4

ENGAÑA A LA PERSONA MÁS DIFÍCIL PARA QUE CAMBIE

La persona más difícil con la que lidio cada día soy yo. Si invierto unos cientos de dólares y algunas horas por semana en el gimnasio, puedo vivir más tiempo. Ese es un beneficio asombroso sobre la inversión; sin embargo, la mayoría de los días no quiero ir al gimnasio.

Si escribo cada día, puedo publicar libros, lo cual significa que mis hijas podrán ir a la universidad sin meternos en deudas; sin embargo, la mayoría de los días no tengo ganas de escribir.

Si me acerco a mis amigos animándolos cuando están desalentados, y pidiendo ánimo cuando lo estoy yo, puedo tener relaciones profundas y duraderas. Investigadores de Harvard han estudiado el aislamiento social por casi ochenta años y descubrieron que está "relacionado con un 50 al 90 por ciento de mayor riesgo de muerte prematura".[1] Incluso sabiendo eso, la mayoría de los días me aíslo y me siento frustrado cuando alguien me hace una llamada telefónica en lugar de enviarme un mensaje de texto.

Si me cepillo los dientes cada día, no tendré caries; sin embargo, la mayoría de los días me comporto como si eso fuera la mayor dificultad del mundo.

Conozco las inmensas recompensas que generará un poco de trabajo (larga vida, dinero para la universidad y la jubilación, fuertes amistades, años sin caries), pero nada de eso mueve la aguja.

Crear mi lista de mejores momentos me recordó mi potencial, pero soy una persona a la que resulta difícil poner en movimiento. Mi biografía en Instagram enumera mi título oficial como "orador motivacional", pero la mayoría de los días me resulta desafiante motivarme a mí mismo, y ya no hablemos de motivar a los demás.

La razón es obvia: no me gusta hacer cosas difíciles, porque son difíciles.

Es mucho más fácil no ir al gimnasio, no escribir un libro, no relacionarme con amigos, y no cepillarme los dientes. La mera fuerza de voluntad, la constancia y la disciplina podrían sostenerme por una semana o dos, pero al final soy capaz de convencerme a mí mismo para no seguir haciéndolo.

Yo soy la persona más persuasiva que he conocido nunca. Cuando otros me dicen: "El único que se interpone en tu camino eres tú mismo", pienso: "Ya lo sé. ¡Ese tipo es imposible!".

Si tuvieras un amigo que juraba que quería aprovechar su inmenso potencial, pero después ignora todos tus consejos, estarías frustrado con ese amigo. Si durante meses, o tal vez años, te dijera que hoy era el día y después enseguida hiciera lo contrario de lo que le sugeriste, estarías enojado con ese amigo.

Si yo mismo fuera mi cliente, me habría despedido hace mucho tiempo atrás. Si esto fuera una relación de noviazgo, habría fingido recibir una llamada de emergencia y habría salido corriendo en mitad de la primera cita. Si yo fuera otra persona, lidiar conmigo no valdría la pena la molestia, pero no hay modo de librarme de mí mismo. Este es el único "yo" que tengo. Tú solamente tienes una persona. Yo tengo solamente una.

No me importaría mi resistencia agresiva al cambio si crear nuevos mejores momentos no fuera tan dolorosamente sencillo. Otra cosa sería si aprovechar mi inmenso potencial fuera una tarea terriblemente complicada, pero no lo es.

TÚ ERES LA PERSONA MÁS PERSUASIVA QUE HAS CONOCIDO NUNCA.

Si quieres sostener en tus manos un libro publicado, lo cual es indudablemente un mejor momento, hay varios pasos muy obvios. Si quieres disfrutar de las agradables endorfinas del ejercicio, un mejor momento que puedes tener diariamente, hay un millón de recursos en las puntas de tus dedos. Si quieres tener amistades que están comprometidas en tu vida, un mejor momento que te hace sentirte conectado a una comunidad, hay acciones fáciles. La mayoría de las cosas que queremos lograr en la vida no son misteriosas o complejas.

Para casi todas las metas puedo ver lo que necesito hacer para lograrla, pero tengo un segundo obstáculo que es, incluso, peor que el muro de la visión. Mi "yo atascado", esa parte de mí que hace que el cambio sea una tarea tediosa, es increíblemente fuerte. A pesar de mis mejores intentos por inspirarme a mí mismo, los resultados eran siempre los mismos: éxito a corto plazo seguido por largos episodios de inacción.

Intenté ese enfoque de la vida por más de cuatro décadas. ¿Qué puedo decir? Me gusta ser meticuloso en asegurarme de que algo no está funcionando. Como ya mencioné, soy un poco lento. Fue necesario llegar casi hasta los cuarenta años para saber incluso que yo tenía potencial, y casi hasta los cincuenta en el aeropuerto de Augusta para comenzar a hacer algo al respecto.

Yo soy siempre lento para llegar a la fiesta, pero cuando llego, lo que más me gusta es decirle a todo el mundo dónde está. Indico los caminos más rápidos, comparto cada obstáculo a evitar, y revelo las lecciones duramente aprendidas para que otros no tengan que pelear por ellas también. Entonces, lo incluyo todo en la invitación más pequeña y más sencilla que pueda crear, que normalmente tiene la forma de un libro como este para asegurarme de que también tú llegues a la fiesta.

Cuando repasé mi lista de mejores momentos buscando cualquier cosa que hubiera pasado por alto, me acordé de una experiencia en la que no había pensado durante quince años, y de repente comenzó el juego.

LA REVOLUCIÓN ESTARÁ EN UN BLOG

En 2008 comencé mi tercer blog. No hubo ningún cálculo real implicado en esta decisión, ni tampoco una estrategia o un plan. Se me ocurrió una broma tonta sobre la que quería escribir y que ni siquiera era un concepto original. Pensé que lo exploraría en un blog por algunas semanas antes de cansarme y abandonar. Escribí veinte publicaciones, envié la URL a cien amigos, y no esperaba que sucediera nada.

Ocho días después, había cuatro mil personas.

Me gustaría poder decirte exactamente cómo sucedió, pero las únicas personas que dicen que tienen una fórmula para hacer que algo se vuelva viral solamente intentan venderte esa fórmula. A pesar de mi completa falta de habilidades técnicas, una URL con una errata incluida, y ninguna dirección clara, el blog fue cobrando impulso. Unas semanas después, decidí poner mi pie en el acelerador y pisarlo con todas mis fuerzas porque, por primera vez en mi vida, eché un vistazo detrás de la cortina y descubrí una poderosa verdad: *esto es solamente un juego.*

Podía ver las piezas y a los otros jugadores, y entendí lo que se requeriría para ganar el juego de escribir un blog. Más que eso, la puntuación era obvia y me encantaba observarla. Me gustaba cómo me hacía sentir ver el tráfico de mi blog aumentar en los análisis de Google. Me gustaba ver la lista de países donde la página se estaba leyendo. Disfrutaba de las decenas y después los cientos de comentarios de los lectores. Me gustaban todas las diminutas ganancias diarias que añadía este blog a mi vida. Fue un mejor momento que realmente reconocí en tiempo real, no al echar la vista atrás, y quería tener más de eso.

Es divertido ganar juegos. Si yo quería ganar este, lo único que tendría que hacer sería convertirlo en una meta y después seguir las reglas. Eran realmente fáciles. Mientras más escribía, más podía publicar. Mientras más publicaba, más personas lo leían. Mientras más compartía vínculos a publicaciones, más personas visitaban el blog. Mientras más personas visitaban el blog, más comentarios recibía. Mientras más comentarios recibía, más interacción tenía con los lectores.

Todo ello me resultaba muy obvio. Había averiguado cómo funcionaba la *Matrix* y las balas no eran balas; eran simplemente líneas de código.

Si le hubiera dicho a mi yo atascado: "Necesito que escribas dos millones de palabras, comienza a levantarte a las 5:00 de la mañana, deja de ver televisión para que puedas enfocarte en nuevas publicaciones, y crea hojas de cálculo Excel de otros blogueros con los que deberías conectar", la respuesta inmediata habría sido: "No".

Si le hubiera dicho a mi yo atascado: "Si te mantienes fiel a esto y lo enfocas con consistencia y regularidad, terminarás mudándote a Nashville, escribiendo nueve libros, hablando en un evento de Range Rover con Wyclef Jean, y llevando a tus hijas a estudiar a la universidad con tus ideas", la respuesta inmediata habría sido un ataque de pánico. No hay modo alguno en que pudiera haber manejado toda esa presión o expectativa sobre cada ridícula publicación en el blog que estaba escribiendo al principio.

Sin embargo, no me hice eso a mí mismo. Lo único que hice fue jugar a un juego, y los juegos son fáciles.

Tú tienes al menos dieciocho años de experiencia a tus espaldas con los juegos. Aprendiste a jugar antes de que ni siquiera pudieras hablar: donde 'tá, las escondidas, carreras. Los maestros utilizaban juegos para enseñarnos a leer en la escuela primaria. Los entrenadores los utilizaban para inspirarnos en la secundaria. Y, en la universidad, los juegos nos mantenían vivos.

Recientemente presenté una actividad de conversación a las 3:00 de la mañana. Esa no es la hora normal en la que me gusta hablar, pero tampoco era un evento usual. Era un juego.

Hace unos años atrás, padres y maestros se dieron cuenta de que la noche de graduación era un momento peligroso para los adolescentes. Los accidentes de tráfico en adolescentes tienden a aumentar desde los meses de abril a julio, o el Cuatro de Julio. Justamente en medio de ese periodo era la graduación. No podían hacer que todas las noches fueran seguras, pero podían enfocarse en un punto peligroso en particular.

En lugar de aumentar los mensajes que dicen "si bebes no conduzcas", o realizar asambleas escolares adicionales que predicaban en contra de manejar distraído, la administración creó un juego. Proyecto Graduación se realiza en la escuela toda la noche, justo después de la ceremonia de graduación. Desde las 10:00 de la noche hasta las 5:00 de la mañana, los muchachos se entretienen y reciben premios como recompensa. En lugar de lanzar a cientos de graduados a la noche después de un momento que han estado anticipando durante dieciocho años, la escuela creó el juego más loco que pudo inventar y después los invitó a jugar. Mi tarea era ayudar a distribuir los premios. Una multitud muy fácil, a propósito, adolescentes a las 3:00 de la mañana.

Funciona porque los juegos funcionan.

Jugar un juego es mucho más fácil que "aprovechar el inmenso potencial". Solamente esa frase evoca a un director de secundaria enojado que te llamó a su oficina para decirte: "¡Estás desperdiciando tu tiempo, muchacho!". Con ciertos sueños es fácil que tu identidad esté envuelta en tus logros. Escribir un libro, lanzar un negocio, ponerte en forma: metas como esas a menudo conllevan equipaje y emociones; sin embargo, un juego es solamente un juego. Es algo que yo juego. Espero que tenga altibajos, pues todos los juegos los tienen.

Los juegos también hacen que la disciplina sea mucho más fácil. La regularidad es difícil. La fuerza de voluntad es difícil. El autocontrol es difícil. ¿Sabes lo que no lo es? Jugar un juego. Cuando yo tengo un juego, con una victoria clara que me emociona genuinamente y la promesa de un nuevo mejor momento, se vuelve mucho más fácil enfocarme. No tengo que esforzarme muchísimo en la semana intentando evitar desperdiciar tiempo en Instagram. Solamente tengo que encontrar un juego que me guste tanto, que la alegría de jugarlo haga que quiera robar tiempo a otras áreas de mi vida para poder jugar más. Las distracciones pierden todo su atractivo a la luz de un buen juego.

No comencé a levantarme a las 5:00 de la mañana para escribir en mi blog porque había descifrado parte de la ética de trabajo de Mark Wahlberg. Simplemente tenía algo que me gustaba tanto, que incluso dormir ocupaba un segundo lugar. No tienes que forzarte a ti mismo a jugar a un juego que te gusta; se convierte en un imán que te atrae hacia él con su propio impulso.

En un estudio de 70 000 páginas que se remonta a la década de 1970, el profesor Mihaly Csikszentmihalyi descubrió que "los sentimientos de concentración, creatividad y satisfacción se reportaban con más frecuencia en el trabajo que en el hogar".[2] ¿Cómo puede ser cierto eso en una cultura que demasiadas veces demoniza la oficina y sirve bebidas especiales para alejar "la depresión dominical" en bares porque la gente no quiere regresar al trabajo el lunes en la mañana?

Csikszentmihalyi dice: "Lo que con frecuencia pasa desapercibido es que el trabajo es mucho más parecido a un juego que la mayoría de las otras cosas que hacemos durante el día".[3] En el trabajo hay metas claras, normas acordadas, retroalimentación, y un entorno que te alienta a usar tus habilidades para superar retos. En otras palabras, "el trabajo tiende a tener la estructura de otras actividades intrínsecamente satisfactorias que proporcionan sentimientos agradables, como los juegos".[4] Ya sea que uses el concepto de sentimiento agradable de Csikszentmihalyi, o que uses la palabra potencial, el resultado es el mismo: los juegos hacen que los mejores momentos sean más fáciles de alcanzar.

Yo experimenté arrebatos pasajeros de potencial en el trabajo porque otra persona creó un juego que yo podía jugar. Cuando entraba en el edificio cada día, estaba jugando al juego de Home Depot, o al juego de Staples, o al juego de AutoTrader.com. Los empleos no eran siempre estupendos; seguían siendo empleos, después de todo. Sin embargo, hubo mejores momentos para mí en esas empresas porque había juegos en ellas.

El motivo por el cual estaba aprovechando mi inmenso potencial con mi blog era que fue el primer juego que construí yo solo. Eso es lo que descubrí cuando planteé la pregunta: "¿Por qué trabajé tan duro en esa meta?".

LOS JUEGOS HACEN QUE LOS MEJORES MOMENTOS SEAN MÁS FÁCILES DE ALCANZAR.

Hasta ese momento en la vida, yo me había dejado llevar. Era la viva imagen del potencial no utilizado. Tuve ocho empleos a jornada completa en los doce primeros años de la edad adulta. Era lo bastante carismático para que me contrataran, pero en el momento en que me aburría, abandonaba y buscaba otro empleo diferente. Mi carrera profesional no tenía *momentum* porque, antes de que se hubiera secado la tinta de mi tarjeta de presentación, yo abandonaba y me marchaba.

Mis relaciones tampoco eran mejores. Cuando le pedí a mi futuro suegro la mano de su hija en matrimonio, él respondió: "No". Uno de mis peores momentos. Él recuerda que sonaba la canción "Desperado" de los *Eagles* en la rocola, que es un sonido de fondo extrañamente apropiado para esa conversación. Veintidós años de matrimonio después somos grandes amigos, y ahora que yo mismo tengo dos hijas adolescentes, estoy totalmente de acuerdo con su respuesta inicial. Decirme "no" a mí fue la decisión correcta al cien por ciento porque yo no me dirigía a ninguna parte.

Ese es el telón de fondo para comenzar mi blog. Con ese equipo me metí en la experiencia. Por lo tanto, entonces, ¿por qué funcionó? Quince años después de comenzarlo, plantear esa pregunta me desafió realmente. Esa incursión en mi potencial cambió el arco de toda mi vida. Si pude engañar a mi yo atascado para que realizara mucha acción convirtiendo el escribir un blog en un juego, ¿había otras áreas en las que podría hacer lo mismo?

¿Había otras personas que ya estaban haciendo eso?

Resulta que la respuesta es "sí" y "sí".

EL TRUCO MÁS PRODUCTIVO DE TODOS

Los hijos de Dara Schuler no quieren hacer tareas y trabajos escolares.

¿Es esa la frase menos sorprendente que has leído nunca en un libro? ¿Qué niño quiere? A menudo me preocupa la vista de mis hijas porque parece que no pueden ver el lavavajillas. Aunque está situado a centímetros del fregadero, se siguen negando a meter en él sus platos sucios. Sé que pueden ver el fregadero porque es ahí donde apilan los restos del día, pero esos centímetros hasta llegar al lavavajillas son imposibles para ellas. Tal vez necesitan cirugía ocular.

Dara pudo usar la disciplina con sus hijos: "Tienes que ordenar tu cuarto como miembro de esta familia". Dara pudo apelar a su sentimiento de obligación: "La escuela es tu tarea, y el trabajo de la casa es parte también de hacer esa tarea". Dara pudo usar, incluso, un poco de culpabilidad para ver si eso ayudaba: "Yo trabajo todo el día y preparo la cena cada noche; lo único que te pido es que ordenes un poco el baño". Podía intentar todos esos enfoques, pero ninguno de ellos funcionará a largo plazo.

Por lo tanto, en lugar de eso engaña a sus hijos con el truco más estupendo y más eficaz para mejorar que se haya inventado jamás: un juego.

¿Cómo lo hace? Dejaré que sea Dara quien te lo diga con sus propias palabras.

"En una hoja de papel gigantesca, escribo varias tareas, trabajo escolar y actividades divertidas. Entonces tapo cada una de ellas con una nota adhesiva. Los niños, entonces, destapan una y hacen lo que ponga en ella, sin saber en qué categoría estará. A veces son dos tareas seguidas, y otras veces son dos cosas divertidas". Las cosas que hay en la hoja de papel son aleatorias. "Incluso pongo cosas como 'chocar los cinco a mamá' y 'hacer veinte flexiones'. Les encantó. Y evitó que yo fuera la mala porque no era yo quien daba indicaciones, sino que era el papel el que decía qué tenían que hacer".

Dara podría describirlo como un proyecto de manualidades, pero en realidad es un juego brillante. Es visual, sencillo y sorprendente. Hay un elemento de azar en él que le encanta al cerebro. La dopamina a menudo se identifica erróneamente como la "hormona de la felicidad", como si obtuvieras más de ella cuando te sucede algo bueno. Sin embargo, no es así como funciona. "La actividad de la dopamina no es un indicador de placer. Es una reacción a lo inesperado: a la posibilidad y la anticipación".[5]

La dopamina es impulsada por lo que los científicos denominan "errores de predicción de recompensa". Si pensabas que una reunión duraría noventa minutos y termina treinta minutos antes, tu predicción era equivocada y obtienes una ráfaga de dopamina. Cuando tu comisión por ventas este mes es mayor de lo que esperabas, obtienes una ráfaga de dopamina. Cuando levantas una nota adhesiva en una hoja de tareas y en lugar de una tarea dice: "Juega tu juego de video favorito durante quince minutos", obtienes una ráfaga de dopamina.

Eso sucede siempre cuando aprovechas más tu potencial ¿Por qué? Porque el resultado nunca es exactamente el que esperabas que sería. Cuando escribí mi primer libro, no pude haber anticipado que recibir una edición extranjera en el correo se convertiría en uno de los mejores momentos. Ningún autor es lo bastante arrogante o creativo para pensar: "Apuesto a que algún día tendré una edición en ruso de mi libro que tiene en la cubierta una langosta que va subiendo una montaña cantando". Pero eso fue exactamente lo que ocurrió (una langosta que va subiendo una montaña cantando es un modismo ruso para describir cosas que son imposibles, parecido a la frase "cuando los cerdos vuelen").

LA DOPAMINA ES IMPULSADA POR LO QUE LOS CIENTÍFICOS DENOMINAN "ERRORES DE PREDICCIÓN DE RECOMPENSA".

Cuando trabajas en tu potencial, siempre hay sorpresas. "Ese error feliz es lo que lanza a la acción a la dopamina. No es el tiempo extra o el dinero extra en sí mismo. Es la emoción de una buena noticia inesperada".[6] Es la alegría de jugar un juego en lugar de hacer una tarea, y funciona para los niños y también para los adultos.

ESTO NO DEBERÍA HABER FUNCIONADO, PERO LO HIZO

April Bacon (nombre verdadero, sí, estoy muy contento por eso) tenía un reto mucho más difícil que solamente hacer tareas. Cuando tenía veintitrés años la pusieron a cargo de catorce empleados todos ellos mayores de cincuenta años. "Estaban molestos por mi presencia", dice claramente April.

No era solamente la edad de April lo que molestaba a los compañeros de trabajo; era su misión. La habían contratado para automatizar todos los proyectos, para cambiar lo que estaban haciendo los empleados, y eliminarlos en la medida de lo posible. A fin de hacer eso, le asignaron una tabla de puntuación semanal con la que la comparaban. Las medidas incluían datos como cuánto tiempo estaban los empleados al teléfono y cuán rápidamente producían documentos. Esa era una tarea imposible para April.

Solamente imagina que ni siquiera tienes la edad suficiente para rentar un auto, pero eres la gerente de personas que tienen la edad de tus padres, y la meta es motivarlos a moverse con más rapidez para así poder demostrar que no necesitas a tantos de ellos en el departamento. Comencé a sudar un poco solamente al escribir esa frase.

Los empleados tenían todos los incentivos para no ayudar a April, y ella lo sabía. "No tenían ningún deseo de ayudarme a tener éxito sino todo el deseo de verme fracasar. Intencionadamente se movían con mayor lentitud". Cuando compartió esta historia conmigo, hubo una palabra que puso en letras mayúsculas en su explicación: HASTA QUE. Todos estaban trabajando contra ella, dijo, "HASTA QUE lo convertí en un juego".

Todo cambió en ese momento. "Hice catorce tarjetas de puntuación, una para cada uno de ellos, que reflejaban directamente la mía. Los viernes, si ellos mostraban mejora en cualquier métrica de un total de siete, recibían un boleto para cada métrica. Los boletos se acumulaban entonces al final de mes para recibir tarjetas de regalo de cien dólares".

¿Entraron en el juego los empleados enseguida? Claro que no. Recuerda que, si jugaban bien al juego, podrían perder su empleo. "Se quejaron cuando anuncié el programa y preguntaron si yo pensaba que ellos eran niños de primaria", dijo April. "Pero, ¿sabes quiénes llamaban a mi puerta para pedir los boletos cada viernes y me pedían que los ayudara a ser más rápidos? Ellos mismos".

Cuando llegó el final de los ocho meses, el equipo había automatizado la mitad de su trabajo, la plantilla de personal se había reducido, y April fue ascendida con un 26 por ciento de aumento de salario, el mayor aumento que su director había concedido en cuarenta años. "Duplicamos la eficiencia por 200 dólares al mes", dijo April. "Incluso persuadí a mi jefa para que se hiciera cargo de la factura. ¡Ella dijo que fueron los 1600 dólares más fáciles que autorizó nunca!".

Si eres un fan de la burocracia y la ineficacia, probablemente estarías en contra de April en esa historia, pero el poder del principio permanece.

Los juegos hacen que sea más fácil hacer cosas que por naturaleza no queremos hacer.

Yo, por naturaleza, no quiero ir al gimnasio.

Yo, por naturaleza, no quiero escribir libros.

Yo, por naturaleza, no quiero cepillarme los dientes.

Pero si quiero aprovechar mi inmenso potencial y disfrutar de todos los mejores momentos que llegan cuando lo hago, necesito hacer muchas cosas que podría no querer hacer al principio.

Y tú también.

Si has leído cien libros como este y los cien no funcionaron, no se debe a que seas perezoso. Sencillamente tienes el mismo

obstáculo tan fenomenal que tengo yo. Se llama tu "yo atascado".
Tienes un oponente que es capaz de presentar cada recuerdo, cada
emoción, cada intento previo fallido, o cada tentación adaptada
cada vez que intentas visitar la zona de potencial.

¿Crees que Instagram es bueno a la hora de personalizar los
anuncios que te envía? Solamente escucha *algunas* de tus conversaciones. Tú mismo, por otro lado, has escuchado cada conversación que has mantenido. En la guerra, por lo general vence el
bando que tiene la mejor inteligencia. Imagina si uno de los bandos
pasara cada día con el otro, durante veinte, treinta, incluso cincuenta años. ¿Podría anticipar correctamente cada movimiento y
contrarrestarlo?

Desde luego que sí.

A eso nos enfrentamos.

Superamos el muro de la visión con la lista de mejores momentos al mirar nuestro pasado, no nuestro futuro; sin embargo, nuestro yo atascado no tirará la toalla con tanta facilidad. Si queremos
realmente disfrutar de nuestro inmenso potencial, vamos a necesitar muchos otros trucos nuevos.

LAS ZONAS

5

HAZTE CAMINO POR LAS TRES ZONAS
DE DESEMPEÑO

Yo soy un loco de las metas. Me encantan las metas igual que a algunas personas les encanta el vino, observar las aves, la jardinería o los juegos de video.

Un año leí cien libros. Un año hice una carrera de mil seiscientos kilómetros. Un año contraté a un entrenador de tenis de mesa porque quería comprobar hasta dónde podía mejorar en el ping pong. Levanta tu mano si nunca has contratado a un anciano aprobado por el equipo estadounidense para lanzarte cientos de bolas de ping pong en una propiedad rentada mientras te grita: "¡Dale! ¡Dale! ¡Dale!". ¿Se levanta alguna mano? Probablemente no.

Yo soy un loco de las metas. Puede que tú no lo seas, pero eres una persona muy productiva. ¿Cómo lo sé? Porque las personas flojas y perezosas no leen libros como este; ni siquiera saben que existe esta sección de la librería. Quienes son poco productivos no leen libros voluntariamente acerca de aprovechar su inmenso potencial. Solamente los muy productivos hacen eso, de modo que permite que te felicite por ser una persona muy productiva.

Sin embargo, antes de que lo celebremos con demasiado ruido, debo compartir una advertencia. Ser muy productivo no nos convierte automáticamente en un triunfador. Todos conocemos a muchas personas que son capaces de periodos esporádicos de un alto desempeño, pero nunca llegan a averiguar cómo convertir todo ese movimiento en éxito y triunfo. Descubrí el motivo de que eso sucede tras doce años de ayudar a miles de personas con sus metas. Las personas muy productivas se mueven entre tres zonas diferentes:

1. La zona de confort
2. La zona de potencial
3. La zona de caos

En la zona de confort nos hemos desconectado de la visión para nuestras vidas. Nos hemos conformado con lo familiar, hemos creído la mentira de que los sueños son para otras personas, y hemos decidido que la repetición segura de quedar atascado es mejor que el riesgo de estirarnos por más. No hay ninguna acción, no hay metas ni progreso, pero en raras ocasiones observamos la inercia porque es muy cómoda. Es un lugar extraordinario que visitar, pero finalmente un lugar terrible donde vivir.

Aunque la zona de confort tiene mucha más prensa, la zona de caos es la que atrapa a la mayoría de quienes son productivos. ¿Has intentado alguna vez conseguir muchas metas a la vez? ¿Has escuchado alguna vez un podcast que te prendió y te hizo querer cambiar cada parte de tu vida al mismo tiempo? ¿Tienes el hábito de incluir demasiadas cosas en tu día, prometer mucho más de lo que puedes dar y sobreestimar cuán rápido puedes lograr terminar algo? ¿Has intentado alguna vez tener un segundo empleo, perder cinco kilos, ser un mejor cónyuge, ganarte un aumento en tu empleo, averiguar cómo funcionan las criptomonedas, y meditar más, todo ello en el mismo fin de semana? Esa es la zona de caos.

La zona de potencial está en medio de esos dos extremos. Es la zona favorable: no demasiado caliente, no demasiado fría, sencillamente correcta. No tienes que ir y venir entre nunca hacer dieta, y pesar los gramos de proteína en polvo de té verde en una báscula

LAS PERSONAS MUY PRODUCTIVAS SE MUEVEN ENTRE TRES ZONAS DIFERENTES:

1. LA ZONA DE CONFORT
2. LA ZONA DE POTENCIAL
3. LA ZONA DE CAOS

pensada para ciclistas del Tour de Francia. Haces un progreso regular y alegre, con un puñado de metas que te importan. Cada día, al invertir intencionalmente en los mejores momentos, cierras la brecha entre tu visión y tu realidad.

Al principio podría parecer que es imposible, pero no lo es. En realidad es donde tú y otros saben que pertenecen. En nuestro estudio de investigación, el 94 por ciento de los participantes reportó que alguien les dijo que tenían potencial. Más del 70 por ciento de los participantes también dijeron que tuvieron momentos en sus vidas en los que estaban a la altura de su inmenso potencial. Las personas ven algo especial en ti, y en lo profundo de tu ser tú también lo ves.

Tal vez lo sentiste con un nuevo pasatiempo. Esa primera vasija de barro estaba un poco torcida, pero la hiciste con tus propias manos y por un momento tuviste un potencial no descubierto. Quizá sucedió en el trabajo, cuando todo salió bien en un proyecto y pudiste ver un destello diminuto de lo que las personas llaman "estar conectado". Tal vez fue en una clase de ejercicio a la que un amigo te arrastró y terminó por gustarte mucho. Puede que fuera en una caminata por el Parque Nacional Denali, donde un pensamiento del tamaño de un glaciar te dijo: "¡Fui hecho para esto!".

La zona de potencial se ve diferente para cada persona, pero cuando la experimentamos, todos nos hacemos la misma pregunta: *¿Cómo me mantengo aquí?*

LAS PERSONAS VEN ALGO ESPECIAL EN TI, Y EN LO PROFUNDO DE TU SER TÚ TAMBIÉN LO VES.

Esa es la pregunta que inspiró todo este proyecto. ¿Hay acciones deliberadas que podamos hacer para duplicar, triplicar, quintuplicar nuestra cantidad de tiempo en la zona de potencial? ¿Podemos aumentar el número de mejores momentos que experimentamos? ¿Hay pasos que podamos tomar para pasar de ser un turista en la zona de potencial a ser un residente a tiempo completo?

Los hay, y hemos visto miles de personas como tú hacerlo. Pero no es tan fácil, porque la zona de confort es muy atrayente.

Yo no quiero salir de mi zona de confort. ¿Por qué querría hacerlo alguien? Es cómoda. No hay muchas responsabilidades. Las expectativas son bajas y fáciles de superar. No requiere nada de nosotros. No tenemos que estirarnos, no tenemos que crecer, no tenemos que pedir ayuda o intentar cualquier cosa que se parezca en lo más mínimo a ser desafiante.

Por décadas, mi hogar estuvo en la zona de confort, pero ocasionalmente la vida me sacaba de ella de una patada. Mi realidad cambiaba de modo tan drástico, que era expulsado en contra de mi voluntad. La pandemia indudablemente lo hizo. Yo estaba cómodo en la realidad de que mi empresa estaba posicionada para tener nuestro mejor año en 2020. Había empleado los siete años anteriores en trabajar hacia ese momento, y en el mes de enero de 2020 me sentía muy confiado acerca de todo lo que habíamos programado para los doce meses siguientes. ¿Adivinas lo que se canceló en 2020? Todo.

Fui expulsado de mi zona de confort lo quisiera o no. Al quedarme sin muchas opciones, tuve que aprender a hacer eventos virtuales, lanzar un podcast, y dar cursos en internet solamente para sustituir nuestros beneficios de los eventos en vivo. ¿Estoy agradecido por tener ahora un podcast? Sí. ¿Estoy contento porque ahora sé cómo ayudar a las personas mediante cursos en el internet? Sin duda alguna. ¿Salí de mi zona de confort por voluntad propia? No. Tuvieron que sacarme, y estaba furioso. Cuando me di cuenta de que la mayor parte de mi negocio había desaparecido, no pensé de inmediato: "¡Qué oportunidad tan extraordinaria de aprender nuevas habilidades que de otro modo podría haber perdido! ¡El cambio es divertido!". Cualquiera que te diga que le encanta el cambio está mintiendo o es un sociópata. El cambio es horrible.

Durante los nueve primeros meses aborrecí salir de mi zona de confort (ver la confesión anterior de ser de floración tardía ante nuevas ideas). Al final, cuando entendí que la pandemia no iba a comportarse según mi marco de tiempo personal, no tuve otra opción. Había experimentado personalmente uno de los dos motivos por los que las personas salen de su zona de confort:

1.   Crisis involuntaria

2.   Truco voluntario

Una crisis involuntaria es cuando sucede algo disruptivo que está fuera de tu control. Pierdes un empleo, fracasas en una relación, tienes un susto de salud, o ves que todo bajo tus pies se desmorona. Una crisis destruye tu zona de confort. Algunas veces, la crisis ni siquiera es tuya. Podrías decidir salir de la zona de confort porque un amigo o un familiar experimentó una crisis y tú quieres evitar esa misma situación en tu propia vida.

También podrías engañarte voluntariamente para salir de la zona de confort. Tienes una sensación de algo de lo que quieres más. Algo falta en tu vida, y rápidamente haces el análisis de costo-beneficio. Decides que el retorno de la inversión vale el duro trabajo de convencerte para salir de la zona de confort.

A excepción de los masoquistas, nadie quiere salir de su zona de confort. ¿Por qué querrías hacerlo tú? Es agradable. Conoces las reglas. Sabes qué hacer. Es familiar. Todos hemos tenido a un amigo que ha tenido citas con alguien que estaba muy por debajo de él o ella. Han estado siete años comprometidos, él ha estado trabajando en una idea de negocio por cinco años mientras ella lo apoya, y ella simplemente está infeliz en la relación. ¿Por qué se queda? ¿Por qué se quedan las personas en empleos que no les gustan? ¿Por qué cualquiera de nosotros nos mantenemos en situaciones que deberíamos haber dejado hace mucho tiempo? Porque son cómodas. La zona de confort no es tan emocionante, pero, sin duda, es mucho menos aterradora que cualquier cosa que esté al otro lado.

Sin embargo, quizá un día te sientes un poco motivado. Asistes a un evento, escuchas un podcast, o descubres una cuenta en redes sociales alentadora (esas eran tres de las principales fuentes de inspiración que enumeraron los participantes en el estudio de investigación para este libro). Decides por diversas razones que vale la pena comprobar de lo que eres capaz, y aprendes rápidamente que no es una empresa fácil. Convencer a tu yo atascado para salir de la zona de confort es como intentar llevar al desierto a un tigre domesticado. "Amigo, no tienes que vivir más en esa jaula. Está abierta. Simplemente sal de ahí y puedes explorar toda la jungla. Es toda tuya".

A menudo eres herido en el proceso, el tigre corre directamente otra vez a la zona de confort, y decides no volver a intentarlo hasta que llegue el Año Nuevo y una vez más seas inspirado por otra resolución. Estoy cansado de que eso nos suceda. Ya es suficiente. Pero también respeto la zona de confort por el enemigo tan significativo que es. Pateó mi trasero durante décadas. Por eso vamos a proceder con cautela y simplicidad.

La cautela se debe a que no queremos que te asustes y te metas más profundamente en la zona de confort. Si ves aunque sea una sola indicación de que esto requerirá años de trabajo, enfoque y persistencia, te retirarás a un rincón incluso más difícil de alcanzar. ¿Por qué no lo harías? ¿Quién quiere la promesa de años de trabajo duro, enfoque y persistencia, especialmente al inicio de una nueva meta?

Me encanta Malcolm Gladwell, pero su explicación de la definición de pericia y habilidad de K. Anders me pareció desalentadora. ¿Se necesitan diez mil horas para llegar a ser de primera categoría? ¿Mi inmenso potencial está a una distancia de diez mil horas?

Hagamos la cuenta de eso por un momento. Por lo tanto, ¿lo único que tengo que hacer es enfocarme en mi meta durante diez horas al día, y entonces seré un experto en esos tres años? ¿Tienes tú diez horas de tiempo libre cada día que no sabías cómo ocupar? ¿Tienes disponibles setenta horas esta semana para enfocarte en una nueva meta?

Tienes razón, eso es poco realista. ¿Y si, en cambio, hacemos ese trabajo durante una hora al día? Eso es mucho más manejable. ¿Cuánto tiempo tardaremos entonces en alcanzar nuestro potencial?

Veintisiete años.

Si tienes una hora libre disponible durante los próximos mil días seguidos (lo cual, con sinceridad, será todo un reto), puedes alcanzar tu inmenso potencial en veintisiete años. Yo tengo actualmente cuarenta y siete años, lo cual significa que cuando tenga setenta y cuatro estaré llegando a ese punto. Eso me hace ser joven para estar en el Congreso, y probablemente en ese momento estaré triunfando en la liga de fútbol senior, pero no quiero esperar tanto tiempo para alcanzar mi potencial.

Tú tampoco deberías. Si procedemos con demasiada fuerza apenas crucemos la puerta, esa parte de ti que no quiere salir de la zona de confort sospechará y saldrá corriendo. Por lo tanto, vamos a proceder con cautela y también con simplicidad porque, cuanto más sencillo sea el truco, mayor será la probabilidad de creerlo.

EL REGRESO DEL MURO DE LA VISIÓN

Cuando entendemos que el potencial es simplemente la brecha entre quiénes queremos ser y quiénes somos en este momento, es tentador preguntar de inmediato: "¿Cuál es el plan para mi vida?".

ABANDONARÁS ANTES DE COMENZAR SI EL PRECIO A PAGAR ES QUE PRIMERO ENTIENDAS TU VISIÓN.

Esa es una pregunta razonable, pero ¿adivinas quién despierta cuando la planteamos? El muro de la visión del que hablamos en el capítulo uno. Te presentaré una oferta proposicional, de si… entonces: "Si puedes averiguar cuál es tu plan, entonces puedes comenzar a trabajar en tu meta". Esa es una trampa perfecta. Hasta que tengas un sentido claro de tu plan, tu misión en la vida, no puedes escribir cien palabras para un nuevo libro. Hasta que hayas llegado a lo más hondo de tu alma (tu esencia, por así decirlo), no puedes pasar quince minutos caminando por el barrio. Hasta que hayas identificado tu verdadero norte, tu estrella guía, tu búsqueda sobre todas las búsquedas, no puedes ordenar tu armario. *Si* primero haces todas esas cosas, *entonces* puedes ponerte a trabajar.

Abandonarás antes de comenzar si el precio a pagar es que primero entiendas tu visión. Por lo tanto, pongamos a un lado la visión por un momento. Comenzaremos con algo mucho más sencillo y nos engañaremos a nosotros mismos para responder a una pequeña pregunta.

6

ESCOGE EL GRAN JUEGO QUE QUIERES GANAR

La visión llega en un millón de variedades, razón por la cual es tan difícil escoger, pero en realidad hay solamente cinco grandes juegos en los que encaja toda la vida:

1. Carrera profesional.
2. Finanzas.
3. Relaciones.
4. Salud.
5. Diversión.

Cada meta, tarea o misión específicas que puedas pensar, encajará en uno de esos cinco grandes juegos. Si quieres pasar más tiempo en la zona de potencial, comienza con uno. Lo único que tienes que hacer es responder la pregunta: "¿Qué gran juego quiero jugar?".

Así es como se dividen.

CARRERA PROFESIONAL

¿Quieres un ascenso? ¿Quieres subir de nivel a vicepresidente ejecutivo? ¿Quieres hacer crecer tu negocio de diseño gráfico? ¿Quieres construir una plataforma de maquillaje en el internet como influencer? ¿Quieres sentirte más cómodo al dirigir reuniones en el trabajo? Juega un juego de la carrera profesional.

FINANZAS

¿Quieres salir de la deuda? ¿Quieres retirarte con tranquilidad? ¿Quieres comprar una casa en la montaña o en la playa? ¿Quieres pagar la universidad a tus hijos? ¿Quieres entender el Bitcoin? Juega un juego financiero.

RELACIONES

¿Quieres arreglar un matrimonio roto? ¿Quieres casarte? ¿Quieres ser un mejor esposo, papá, mamá, hijo o hija? ¿Te hizo entender la pandemia: "Vaya, necesito más amigos porque trabajar desde casa es muy solitario"? Juega un juego de relaciones.

SALUD

¿Quieres volver a encajar en ese par de "jeans"? ¿Quieres sentirte mejor en la alberca comunitaria? ¿Quieres apuntarte finalmente para correr una maratón? ¿Quieres bajar tu colesterol? ¿Quieres mejorar cómo sientes tus rodillas? ¿Quieres manejar mejor tu ansiedad? Juega un juego de salud.

DIVERSIÓN

Este es el último juego multifunción. Cualquier cosa que no encaje fácilmente en los cuatro primeros juegos, aterriza aquí. ¿Quieres ilustrar libros infantiles? ¿Quieres aprender a tejer? ¿Quieres leer toda la Biblia en un año?

¿Quieres entrenar a un pastor belga malinois porque cre-ciste con esa raza de perro en tu niñez? ¿Quieres hablar un idioma nuevo? Juega un juego de diversión.

Lo útil acerca de este enfoque es que inmediatamente hace sentir cómodo al yo atascado. Si preguntas: "¿Cuál es la misión de tu vida?", puedes oír al yo atascado cerrando cerraduras de seguridad al otro lado de la zona de confort. Sin embargo, un juego tiene mucha menos presión. ¡Es solo un juego! Despierta tu sentido de la curiosidad en lugar de agitar tu temor al compromiso. Ni siquiera tienes que salir de tu zona de confort para responder a la pregunta: "¿Qué juego quiero jugar?".

LA PRIMERA PREGUNTA

¿Qué gran juego quieres jugar? Esa es la primera pregunta que hay que abordar.

Escoge una o dos de las cinco si tienes el tiempo.

Cuando yo comencé mi blog, podía jugar un solo juego: uno de diversión. No tenía tiempo para ningún otro juego. Tenía un empleo a jornada completa, dos hijas de menos de tres años, una hermosa esposa, clientes como independiente, y viajes al trabajo en Atlanta. Por lo tanto, escogí escribir el blog y me enfoqué en eso.

En ocasiones corría, pero no tenía mucho tiempo libre para jugar un juego de salud y entrenar para correr una media mara-tón. Tenía amigos, pero no me quedaba mucho espacio extra para tener relaciones fuera de mi familia porque mis horas estaban muy ocupadas. Trabajaba fielmente de cuarenta a cuarenta y cinco horas por semana en la oficina, pero no me ofrecía como voluntario para muchos proyectos extra porque no estaba jugando un juego de carrera profesional (mi blog finalmente llegó a ser una nueva carrera profesional, pero yo no sabía eso al inicio. Era solo un juego de diversión).

En la actualidad, mi vida tiene una forma diferente. Tengo dos hijas adolescentes. Los sábados, por ejemplo, no se emplean intentando desesperadamente mantenerlas entretenidas y con vida desde las 6:00 de la mañana hasta las 8:00 de la noche. L.E. está en la universidad y pasa los fines de semana en el campus. McRae tiene carrera de fondo y probablemente pasó la noche en la casa de una amiga. Si quiero trabajar en un juego de carrera profesional, un juego de relaciones, y un juego de diversión al mismo tiempo un sábado, puedo hacerlo porque mis compromisos son diferentes. Eso no es caótico para mí, dada mi etapa de vida.

Hay maneras de aumentar la cantidad de tiempo que tienes, pero, en su mayor parte, acepta el periodo en el que estás y juega el número de juegos que puedas manejar personalmente. No te limites a admitir el periodo en el que estás; concédete mérito por los juegos que ya estás jugando y ganando.

Cenar como familia es un juego al que tal vez no estés dando el crédito suficiente en este momento. Encargarte de los viajes a la escuela de tus hijos es un juego. Lidiar con las nuevas realidades de un calendario de trabajo híbrido, que es totalmente distinto a cualquier otra cosa que hayas hecho antes, es un juego. Si no puedes incluir en tu horario muchos juegos nuevos, puede que no se deba a que eres indisciplinado. Es probable que sea porque ya estás jugando muchos más juegos de los que incluso puedes imaginar.

Si estás preparado para jugar un juego nuevo, simplemente escoge el primero para comenzar. Ni siquiera necesitas un ejercicio creativo complicado para pensar en qué metas quieres trabajar. Si entrenaste tu mano con la lista de mejores momentos, ya tienes una sensación de algo de lo que quieres más. Sin embargo, incluso si no lo hiciste, hoy mismo ya pusiste sobre la mesa algunas metas. Lo sé porque no he conocido nunca a una sola persona que lea mis libros, tome mis cursos en el internet o escuche mi podcast y diga: "Jon, no tengo ni un solo sueño o plan".

Las personas muy productivas tienen decenas, cientos, a veces incluso miles de cosas que quieren hacer. Sencillamente escoge una. No tienes que escoger la correcta; simplemente escoge la siguiente. Hazlo con rapidez. Obtengamos una victoria fácil enseguida. Hay solamente cinco opciones. Ni siquiera puedes equivocarte, porque recuerda que eres tú quien pone las reglas en este juego. Si escoges la diversión, no voy a juzgarte y decir: "Deberías haber escogido la carrera profesional". Es tu juego.

Tampoco te preocupes por los pasos que usarás para completarlo. En el capítulo siguiente te mostraré las cinco maneras específicas para convertir tu juego en una meta fácil que cualquiera puede alcanzar. Ahora mismo, simplemente pon una pequeña estrella al lado del juego que vas a jugar. Entonces, puedes responder a la segunda pregunta.

LA SEGUNDA PREGUNTA

Si vas a jugar un juego y emplear tu recurso más valioso (tu tiempo) en ello, deberías saber la respuesta a la segunda pregunta antes de comenzar: "¿Qué gano yo?". Esa es la siguiente pregunta que quiero que te plantees.

Sin embargo, antes de responderla, necesito que me hagas una promesa: por favor, sé egoísta y sincero. La falsa nobleza no te sacará de la zona de confort. Veo eso en otros compañeros autores todo el tiempo. Cuando sus libros están a punto de publicarse, dirán: "Si solamente una vida es cambiada por mi libro, valió la pena".

No, no valió la pena. Eso no tiene ni siquiera una pizca de verdad. Es difícil escribir libros. Los pasos son sencillos pero el trabajo es desafiante. Se necesitan mil horas de batalla con tu ego, tus expectativas, y tu temor a que tal vez @AngryDragonAllen287 en Twitter tenía razón con respecto a cuán torpe eres. Es muy difícil escribir libros para ayudar a una sola persona. Si esa es tu meta, pasa en cambio treinta minutos escribiendo un correo electrónico a un amigo. Eso es mucho más fácil.

Si vas a pasar por toda la angustia de escribir un libro completo, la ganancia debería ser mucho mayor. Deberías querer que cien mil personas lo compren. Deberías querer llegar a la lista de los más vendidos del *New York Times*. Deberías querer que te haga ganar mucho dinero. Deberías querer que desconocidos te detengan en la calle y te digan lo mucho que tu trabajo cambió sus vidas. Deberías querer influenciar a personas en todo el mundo.

Yo he experimentado todas esas cosas, y todas ellas son realmente transformadoras.

Los escritores dicen: "Si solamente una vida es cambiada por mi libro, valió la pena" porque tienen miedo a que no se venda bien, y nos aterra parecer egoístas en nuestra meta. En cambio, creamos deseos falsos que pensamos que son socialmente aceptables y nos protegerán de futuras decepciones. Aseguramos la jugada mintiendo sobre nuestras expectativas. Si me digo a mí mismo que vender solamente un ejemplar es suficiente, entonces cuando venda cien ejemplares tal vez no me sentiré un fracaso; sin embargo, los falsos deseos nunca te convencerán para salir de una verdadera zona de confort.

El falso combustible no te dará la motivación que necesitas para mantenerte en la zona de potencial Es como poner diésel en un Ferrari y después preguntarte por qué no funciona.

Por lo tanto, sé egoísta. Si tienes una motivación noble por salvar el mundo, estupendo. Incluye eso también, pero no te limites cuando respondas a la pregunta: "¿Qué gano yo?".

Imagina que estás en una negociación con la parte de ti que está atascada en la zona de confort. Hay otra parte de ti que quiere cambiar, de modo que convocas una reunión. ¿Sabes cuál es la primera y única pregunta que planteará ese yo atascado? "¿Qué gano yo con esto?".

LOS FALSOS DESEOS NUNCA TE CONVENCERÁN PARA SALIR DE UNA VERDADERA ZONA DE CONFORT.

Si trabajas catorce segundos en ventas, aprendes rápidamente que eso es lo que todo el mundo se pregunta cuando se trata de tomar una decisión.

¿Qué gano yo con esto?

¿Por qué debería hacer esto?

¿Qué gano yo si hago todo este trabajo?

Si llegas a la mesa con victorias falsas y aburridas, te echarán de allí a risas. Imagina intentar decirte a ti mismo: "Si haces ejercicio, los estudios han demostrado que tus posibilidades a largo plazo de enfermedades cardiovasculares disminuyen drásticamente. Tu densidad ósea también mejora realmente, de modo que la osteoporosis es un problema mucho menor más adelante en la vida".

Ese no es el motivo por el que hago *crossfit*, un hecho que ha sido muy difícil no decirte hasta este punto del libro. La primera regla del *crossfit* es que tienes que hablar constantemente sobre *crossfit*.

Yo nunca levantaría ni una sola pesa si ese fuera mi argumento de venta para mí. No me gustan las sentadillas. Las flexiones son horribles. No me hagas comenzar con sentadillas con peso y una sola mano. La disciplina no me inspiró a continuar. La fuerza de voluntad no fue el factor decisivo. La determinación no me aportó nada.

Mi yo atascado es mucho más inteligente. Puede ver a través de esa apelación falsa a la motivación. La única manera de engañarlo para salir de la zona de confort es convencerlo de que es mejor estar aquí afuera que allá adentro. No es un mal tipo. No demonicemos ninguna parte de nosotros mismos. Él es parte de quién soy, y amo quién soy, pero no se motiva por la lógica o la razón.

Los humanos somos seres irracionales. Siempre estamos haciendo cosas que no tienen sentido. Yo no puedo sacar a mi yo atascado de la zona de confort utilizando el sentido común; solo puedo atraerlo pacientemente, y el mejor cebo es una victoria. Incluso a nuestro yo atascado le gusta la sensación de ganar. Puede que tú no te consideres una persona competitiva, pero dada la opción entre ganar o perder, escoges ganar cada vez.

Por lo tanto, me pregunté a mí mismo: "¿Qué gano yo si hago *crossfit*?". Y entonces pensé en tantas respuestas como pude.

1. Las endorfinas me harán sentir mejor y reducirán el estrés.

2. Marcar la casilla en mi esquema después de un entrenamiento será realmente satisfactorio.

3. Podré comprarme unos tenis nuevos y hermosos para entrenar.

4. Me gustará impresionar a mi entrenador por mi consistencia.

5. Podré crear algunas bromas nuevas que pueda usar en las conferencias.

6. Me dará algo de lo que conversar con mi amigo Scott, a quien le gusta el *crossfit*.

7. Me sentiré más cómodo al quitarme la camiseta en la alberca comunitaria.

Lógicamente, sé que si me mantengo en forma estaré más tiempo por aquí para mis hijas. Quiero eso, claramente. Pero estaría mintiendo si dijera que en las frías mañanas cuando no quiero hacer ejercicio, pienso para mí: "Recuerda: dentro de dieciocho años podrás correr y seguir el ritmo a tus nietos que todavía no existen".

La mayoría de las ganancias que enumeré no eran nobles. Algunas incluso eran vanas. Sin embargo, eso está bien porque mi única meta inicialmente es sacar a mi yo atascado de la zona de confort.

Los beneficios a largo plazo de tu meta cambiarán tu vida, tu familia, y tal vez incluso tu comunidad. Uno de los subproductos naturales de vivir en tu inmenso potencial es que quieres ayudar a otras personas a que también alcancen el suyo. Este viaje comienza con uno mismo pero termina en servicio. Eso es extraordinario, pero muy pocas personas saldrán de la zona de confort solamente por ese motivo. Por otro lado, ayudar a una comunidad de personas es uno de los motivos más estupendos por los que te mantendrás en la zona de potencial.

No tienes que lograr siete victorias como en mi lista para el *crossfit*. Yo soy escritor, ¡y usamos muchas palabras! Pero anota unas cuantas. Escogiste este libro por una razón. Hay algo acerca de tu vida que quieres cambiar. ¿En qué juego encaja eso? Y si lo juegas, ¿qué quieres ganar?

ESTE VIAJE COMIENZA CON UNO MISMO PERO TERMINA EN SERVICIO.

Si trabajas un poco, si das un paso o dos para cerrar la brecha que existe entre tu visión y tu realidad, ¿qué hay para ti en ello?

Todo esto parecerá ilógico al principio porque la mayor parte del tiempo, cuando comenzamos nuevas metas, comenzamos con el trabajo y no con la recompensa. Pensamos en todas las acciones que tendremos que llevar a cabo para alcanzar la meta. Ese es un paso importante, y lo haremos después, pero no al inicio. ¿Por qué? Porque es abrumador. Si te sientes atascado y lo primero que haces es pensar en una lista inmensa de todo el trabajo que tendrás que hacer para salir de ese atasco, ¿crees que te sentirás más motivado o menos?

En primer lugar, sueña con la victoria, y después podrás decidir acerca del trabajo.

LA TERCERA PREGUNTA

Todavía no hemos salido de la zona de confort, pero hemos despertado un poco el interés de nuestro yo atascado con algunas posibles victorias. Hemos puesto una escalera contra la pared y estamos mirando por encima con más curiosidad de la que hemos sentido en años.

Incluso podríamos estar preparados para nuestra tercera pregunta: *¿Cómo gano?*

Si el nuevo mejor momento vale la pena, esta es naturalmente la siguiente pregunta que planteamos cuando se trata de jugar el juego nuevo. Ese mejor momento que acabas de describir suena bien, y estás pensando: *Me gustan las cosas buenas. ¿Cómo consigo esa cosa buena? ¿Cómo utilizo más de mi potencial?*

Ahora, para la mejor idea en todo el libro… la respuesta es la siguiente: ganas el juego haciendo que el juego sea fácil.

¿Te pareció eso tan equivocado como escoger victorias que inicialmente parecen egoístas a primera vista? Sé sincero, apuesto a que sí. Sin embargo, si ya intentaste lo que se supone que debes hacer cuando quieres alcanzar metas pero no funcionó, podría ser el momento de probar algo ilógico, como jugar un juego más fácil. El mejor modo de escapar de la zona de confort es hacer que las ganancias sean grandes y el trabajo pequeño.

Inicialmente yo me sentí un poco incómodo incluso al sugerir esto, hasta que comencé a estudiar a las personas muy exitosas. Las ejecuciones son todas ellas diferentes, pero todas comparten elementos similares cuando se trata de desempeño. Una de ellas es que ellos siempre hacen que sus juegos sean fáciles de ganar. Están obsesionados con posicionarse para el éxito. Marshall Goldsmith, un *coach* ejecutivo que ha vendido millones de libros y ha sido catalogado como el pensador de liderazgo número uno del mundo, admitió eso en su clásico *Lo que te trajo aquí no te llevará allí*. Escribe: "Hago que sea fácil para mí. No hago apuestas tontas. Solamente trabajo con clientes que tengan un potencial extremadamente alto de tener éxito. ¿Por qué querría alguien operar de cualquier otro modo?".[1]

Él no es el único que hace eso. Tras pasar décadas en las trincheras de algunas de las compañías más consumadas del mundo, Goldsmith ha observado algo consistente acerca de las personas muy productivas: "A medida que vas por la vida contemplando las mecánicas del éxito y preguntándote por qué algunas personas son exitosas y otras no lo son, descubrirás que una de las características que definen a los ganadores habituales es que marcan las cartas a su favor. Y son descarados al respecto".[2]

La mayoría de las personas hacen precisamente lo contrario de lograr que las cosas sean más fáciles. Ellos crean las reglas para sus metas que garantizan que perderán.

Me encontré por primera vez con esta realidad mientras hacía la investigación para mi libro *¡Termina!* El Dr. Mike Peasley y yo estudiamos casi a novecientas personas por seis meses mientras trabajaban en sus metas. A mitad del proyecto nos dimos cuenta de que la mayoría de los participantes sobrestimaban lo que podían lograr y creaban inconscientemente juegos imposibles. En lugar de marcar las cartas a su favor, habían pensado en metas muy difíciles al inicio, y entonces se encontraron casi de inmediato con los frustrantes límites de la realidad. En esencia, fijaron una visión masiva que estaba totalmente alejada de la realidad, y estaban muriendo en la brecha que había entre ambas cosas.

Para abordar ese problema, los alentamos a dividir en dos partes sus metas, y nos sorprendió lo que sucedió. Las personas que adoptaron este enfoque inusual fueron un 63 por ciento más exitosas. Cuando envío esa idea a clientes en mis diapositivas antes de un evento, ellos siempre me llaman y dicen: "¿Puedes por favor eliminar esa idea terrible que le dice a nuestro equipo de ventas que vendan la mitad de los productos este año?". Pero esa idea no es normativa. El camino para tener éxito no es fijar una falsa visión al inicio y después dividirla en dos en mitad del proyecto. Esa estadística es simplemente indicativa de cuán tentador es, al inicio de una meta, situarnos para el fracaso al jugar juegos innecesariamente difíciles.

Esto sucede principalmente debido a tres razones:

1. AUTOSABOTAJE DELIBERADO

Si eres tú quien hace que las reglas y las expectativas son imposibles, puedes fracasar rápidamente y culpar a las reglas y las expectativas, y no a ti mismo. Gay Hendricks, autor de *El gran salto*, lo denomina un problema de límite superior. Las personas a menudo establecen límites a lo que es una cantidad de éxito aceptable, por temor a superar a un familiar o abandonar sus raíces humildes, o a que claramente no merecen ser felices. Cuando se acercan a su límite superior, inconscientemente se retiran en forma de autosabotaje.[3]

2. FALTA DE CONSCIENCIA DE UNO MISMO

Es difícil crear reglas que te ayudarán a ganar si no te conoces un poco a ti mismo. Si yo soy una persona matutina, pero nunca me detuve a observar eso, podría terminar poniendo demasiadas tareas de trabajo importantes avanzada la noche, cuando estoy en mi peor punto creativo. Una regla como "Haz el trabajo más duro primero en la mañana" me serviría bien a mí, pero si no sé lo que me emociona y me hace moverme, nunca lo crearé y perderé todos los beneficios de hacer que mi día sea más fácil. Ese es parte del motivo por el que es tan útil hacer una lista de mejores momentos. Te presenta a ti mismo.

3. SENTIMIENTO DE CULPABILIDAD

Si tu regla no declarada es: "Las metas deben ser difíciles de contar", cuando creamos una meta fácil para nosotros mismos lo sentimos como un engaño. No es "lo bastante difícil", y en cambio redactamos reglas rígidas hasta que el juego se vuelve tan desafiante que nuestro yo atascado decide que el cambio no vale la pena.

Este libro indudablemente te ayudará con la consciencia de ti mismo, pero si te gustaría explorar el origen del autosabotaje y el sentimiento de culpabilidad con un consejero, entonces hazlo por todos los medios. Esa no es mi misión ahora.

Quiero que establezcamos una medida tan baja, que sea imposible que fallemos y obtengamos una victoria rápida que nos aliente a seguir intentándolo. Mientras más rápidamente ganemos el juego, más rápidamente nos comprometeremos con el trabajo. Mientras más veces ganemos, más veces lo intentaremos.

Cuando obtengas algunas victorias rápidas, descubrirás un secreto acerca de la zona de confort: no es tan amplia.

No tienes que moverte con esfuerzo en la zona de confort para que los meses se escapen. La zona de confort es alta, pero delgada. Parece intimidante poder superarla, pero toma tan solo unos minutos atravesarla. La primera gota de sudor, las cien primeras palabras de tu libro, las primeras llamadas a clientes; todas tus victorias rápidas hacen que la zona de confort se evapore.

¿Cómo nos aseguramos de conseguir algunas? Creamos una meta fácil.

7

ESCAPA DE LA ZONA DE CONFORT CON UNA META FÁCIL

Yo tuve 1132 ideas en 2021.

No me refiero a que tuve "casi una tonelada" de ideas en 2021. Me refiero a que tuve exactamente 1132. Lo sé porque seguí una lista numérica consecutiva de ellas durante todo un año en una serie de cuadernos.

Yo no creo en el bloqueo del escritor. Creo en la bancarrota de ideas. Si no puedes sentarte a escribir algo, eso solo significa que tu cofre de ideas está vacío. Si quiero ser un mejor escritor, necesito ser un mejor pensador, lo cual significa que necesito más ideas. Convertí esa esperanza en una meta, y cada año voy mejorando. Tuve 1563 ideas en 2022.

En junio de 2022 tomé vitaminas 28 de 30 días.

En octubre de ese mismo año, lo primero que hice en la mañana fue la cama: 26 de 31 días.

Dos meses atrás, subí por la escalera 28 días seguidos. Yo soy de alta energía, y tiendo a subir rápidamente cualquier escalera como si fuera un niño de ocho años intentando esconderme para no irme a la cama. En algún momento voy a tropezar y romperme algo, así que decidí cambiar ese hábito.

El mes pasado pasé por alto una ofensa durante 27 de 30 días. Me encontraba sintiéndome ofendido por las cosas más triviales, así que calibré si podía solucionar eso.

Cuando digo que soy un loco de las metas no estoy exagerando. He probado cientos de diferentes clases de metas y he ayudado a miles de personas con otras mil. En todos estos años he descubierto que hay tres clases de metas que son las más productivas para aprovechar tu inmenso potencial:

1. Metas fáciles.

2. Metas intermedias.

3. Metas garantizadas.

En algunos aspectos son similares, pero lo que logran es diferente.

Las metas fáciles te ayudan a escapar de la zona de confort.

Las metas intermedias te ayudan a evitar la zona de caos.

Las metas garantizadas te ayudan a vivir en la zona de potencial.

Casi todo el mundo que conozco quiere comenzar con las metas garantizadas porque son las más ambiciosas. "Apunta a lo grande o vete a casa" es una frase chistosa que decir, pero ese sentimiento también ha enviado a más personas de regreso a la zona de confort que cualquier otro mantra terrible en Instagram. En algunas situaciones específicas, un enfoque tan agresivo de las metas en realidad envía a las personas al hospital.

Erin Quillman, asistente de terapia ocupacional en Detroit, me dijo que ella a menudo tiene que "decirles a las personas que ralenticen para no hacerse daño a sí mismas o volver a lesionarse. Se sienten mejor, a veces su dolor está enmascarado y tienen algo de fuerza, pero en realidad se hacen daño si progresan con demasiada fuerza o demasiada rapidez". Si eres terapeuta ocupacional, todo tu mundo gira en torno a crear metas más pequeñas en el presente para ayudar a las personas a alcanzar metas mayores mañana.

LAS METAS FÁCILES TE AYUDAN A ESCAPAR DE LA ZONA DE CONFORT.

LAS METAS INTERMEDIAS TE AYUDAN A EVITAR LA ZONA DE CAOS.

LAS METAS GARANTIZADAS TE AYUDAN A VIVIR EN LA ZONA DE POTENCIAL.

Hay una diminuta fracción de personas que pueden pasar del sillón a una carrera de Ironman, de no leer ningún libro a completar una trilogía, de tener una casa desordenada a decir: "Tengo un propósito concreto para cada par de calcetines que poseo". Sin embargo, para el resto de nosotros que somos meros mortales, el mejor camino hacia el éxito a largo plazo comienza siempre con metas fáciles que se convierten en metas intermedias y finalmente se transforman en metas garantizadas.

Pensemos en eso como si fuera una escalera de metas con tres peldaños. Una de las barandas verticales es el esfuerzo, y la otra baranda es el tiempo. Mientras más alto subimos, pasando de fácil a intermedia, y a garantizada, mayores cantidades de esfuerzo y de tiempo se necesitan para alcanzar la meta. Las metas fáciles están en lo más bajo. Son sencillas de alcanzar y apenas hay que levantar el pie del suelo. En lo alto de la escalera están las metas garantizadas, que requieren una inversión significativa. En el medio (y prepárate para quedar totalmente perplejo) están las metas intermedias.

Toma el gran juego que escogiste para jugar (carrera profesional, de finanzas, relaciones, salud, diversión) y comienza en lo más bajo de la escalera. Crea una meta fácil que tenga las cinco características siguientes.

1. LAS METAS FÁCILES TIENEN MARCOS DE TIEMPO BREVES.

Una meta fácil puede lograrse de uno a siete días. Si te toma un mes, no es una meta fácil. Por ejemplo, cuando yo me di cuenta de que me había estancado en algunas áreas de mi negocio, pensé en una meta fácil. Lo único que tuve que hacer fue preguntar a Brad Lomenick, la persona con más contactos que he conocido jamás, el nombre de un *coach* de negocios que él me recomendaría. Esa meta requirió una conversación de quince minutos un martes en Atlanta, entre bastidores en un evento. Cuando logré eso y disfruté de la ganancia rápida, mi siguiente meta fácil fue escribir un correo electrónico a la persona que me sugirió Brad. Escribí un correo de 108 palabras y pregunté al *coach* si podríamos organizar una llamada de treinta minutos. Entonces tuvimos la llamada. Tres metas fáciles que pude lograr en una semana. No reinventé mi negocio, pues eso habría enviado a mi yo atascado otra vez directamente a la zona de confort. En cambio, dije: "Vamos a intentar esto por una semana y veamos lo que sucede". Podría haber repetido una meta fácil durante varias semanas seguidas, pero yo solamente pienso, como máximo, en periodos de siete días.

Un marco de tiempo breve también altera el temor a que, si probamos alguna vez, tengamos que hacerlo siempre. Los perfeccionistas especialmente se resistirán a probar nuevas metas porque les parece un compromiso para toda la vida. "¡Los ganadores nunca abandonan!", pensamos erróneamente. Sin embargo, una meta fácil es lo contrario. Una meta fácil es una cita rápida con ideas, no un matrimonio. Tienes programada una "salida" después de un día o una semana si decides que la meta no es la correcta para ti.

2. LAS METAS FÁCILES TIENEN PRIMEROS PASOS OBVIOS.

Si existe la menor confusión al inicio de tu meta, tu yo atascado gritará: "¡Falta!". Con una meta fácil siempre puedes pensar en "lo siguiente correcto", por tomar prestada una frase de la autora Emily P. Freeman.

Aprender *crossfit* no fue complicado al principio. Mi vecino Caleb Gregory es el dueño de CrossFit East Nashville, uno de los gimnasios más populares de la ciudad. Le dije que estaba interesado en entrenar (primer paso). Conseguí su número telefónico (segundo paso). Le envié un mensaje de texto y fijamos una hora para reunirnos (tercer paso). Fui a su casa, donde tiene ese garaje tipo caverna que todo el que practica *crossfit* tiene, e hicimos una sencilla evaluación (cuarto paso). Tomé notas de nuestra conversación y las convertí en una gráfica sencilla en Microsoft Word, en la que podía rastrear mi progreso (quinto paso). Por favor, observemos que en este punto ni siquiera había comenzado a hacer *crossfit*, pero los cinco primeros pasos eran obvios, y pude hacerlos todos ellos en una semana: meta fácil.

3. LAS METAS FÁCILES NO SON CARAS.

¿Alguna vez compraste algo caro porque pensabas que lo necesitabas para una meta nueva? Compraste el tipo de arco que utilizan los cazadores profesionales para usarlo con una diana antes ni siquiera de disparar una sola flecha. Te interesaste un poco en cocinar tu propio sushi y compraste un Sakai Takayuki 33-Layer Damascus Gingami n.° 3 de quinientos dólares, que utilizan los chefs más importantes del mundo. Unos amigos te invitaron a hacer ciclismo por el barrio y compraste una bicicleta de carreras que te costó más que tu primer auto.

Esto último está cerca de mí (concretamente, apoyada en la pared de mi garaje) porque es ahí donde está colgada la bicicleta que apenas utilizo. Yo quebranté la regla número 3, "las metas fáciles no son caras", y decidí invertir demasiado justo al inicio de mi aventura ciclística. En lugar de pedir prestada una bicicleta a mi buen amigo Dean, que tiene una verdadera flota, fui y pagué por lo que se convertiría en un monumento de fibra de carbono para impulsar las ventas. Me sentía avergonzado cada vez que pasaba por su lado en el garaje porque gasté mucho dinero en esa bicicleta y no la utilizaba.

Si tu meta inicial cuesta mucho dinero para alcanzarla, entonces acabas de dar a tu yo atascado una excusa estupenda para no hacerlo. Yo no contraté a un *coach* de negocios como parte de mi meta fácil. Eso llegaría mucho después. No me apunté durante un año a un gimnasio de *crossfit* nada más entrar por la puerta. Cuando comencé mi blog hace todos estos años atrás, utilizaba Blogspot, un servicio gratuito. Lo presentaba de la manera más barata posible y yo mismo lo fui construyendo (de modo mediocre, podría añadir). Dieciocho meses después, pagué tres mil dólares a un diseñador para construir una página web de verdad, pero si hubiera hecho que la meta inicial fuera cara, nunca lo habría intentado. Una meta fácil siempre comienza siendo barata. Hay mucho equipaje emocional relacionado con el dinero. No añadas más a la mezcla cuando estés comenzando.

4. LAS METAS FÁCILES ENCAJAN EN TU HORARIO ACTUAL.

Al inicio de nuevas metas tendemos a hacer grandes declaraciones que están completamente separadas de la realidad, y después actuamos con sorpresa cuando no funcionan. Te mostraré cómo revolver un poco la realidad cuando lleguemos a tus metas garantizadas, pero una meta fácil debería encajar en tu realidad actual. Yo no dejé mi empleo cuando comencé por primera vez a escribir un blog. Eso es muy drástico, y quizá constituye una buena historia en Instagram: "¡Me mudé a Paraguay solamente con nueve dólares y una pluma!", pero no fue eso lo que yo hice. Para comenzar mi blog, simplemente saqué treinta minutos varias veces por semana en los que podía escribir. Eso era fácil. Comprometerte a ir al gimnasio cinco veces esta semana cuando tu horario actual solamente tiene tiempo para hacerlo una vez puede parecer heroico, pero te estarás preparando a ti mismo para un fracaso automático. Una meta fácil no requiere que remodeles toda tu realidad para lograrla. Como máximo, debería tomar alrededor del uno por ciento de tu tiempo en una semana, lo cual es menos de dos horas. La incorporas donde pueda encajar (si estás casado, las metas fáciles son también mucho más fáciles para que el cónyuge las apoye al principio, en lugar de planes inmensos de los que hablamos a menudo).

5. LAS METAS FÁCILES DAN LA SENSACIÓN DE QUE "NO SON SUFICIENTES".

¿Sabes lo que quiere siempre una persona muy productiva que ha salido de la zona de confort? ¡MÁS! Después de establecer metas fáciles semanales con el *crossfit*, le dije a mi entrenador Caleb: "No siento que estoy haciendo lo suficiente".

Él me preguntó: "¿Te gustaría hacer demasiado en estas primeras semanas y después no volver a hacerlo nunca más?".

Yo me reí y dije: "Sí, eso se parece a mi MO".

"Eso pensaba", dijo Caleb. "Por eso estamos estableciendo un cimiento".

Las metas fáciles construyen estructuras pequeñas. Despiertan la memoria muscular. Te dan esa primera parte de impulso. Si sientes que no estás haciendo lo suficiente todavía, esa es una buena señal. Jeffrey J. Downs y Jami L. Downs escribieron el libro sobre la consistencia:

literalmente. *Streaking* te enseña cómo alcanzar metas inmensas de maneras diminutas. Una de sus reglas es que la meta fácil que decidas abordar debería ser tan sencilla que provoque risa. Cuando la compartas con amigos, su respuesta debería ser: "¿Eso es todo?". Jami dice: "Si la actividad suena impresionante cuando se dice en voz alta, probablemente sea demasiado difícil".[1]

Utiliza estos cinco factores como filtro para comprobar si tu meta es lo bastante fácil.

Si requiere noventa días para lograrla, no es fácil.

Si no puedes averiguar qué hacer primero, haz la más pequeña.

Si hace que te estires financieramente, encuentra un modo más barato de hacerlo.

Si requiere que seas una persona totalmente nueva con un horario radicalmente diferente para completarla, comienza desde cero.

Si los amigos se sorprenden cuando les hablas de ello, escucha a Jami: es demasiado difícil.

Las metas fáciles hacen que escapar de la zona de confort sea... fácil.

También proporcionan una perspectiva adicional con respecto a lo que realmente te importa. Si no puedes llegar a emocionarte con una meta fácil que tome menos de dos horas, que casi no cuesta nada, y que dura una semana, no es extraño que la abandonaras cuando hiciste una resolución de Año Nuevo. Si no puede mantener tu atención por una semana, indudablemente no era la meta adecuada para todo un año. Por eso, cuando la app de fitness Strava analizó 31,5 millones de actividades, pudieron identificar el segundo viernes de enero como el "Día del que abandona". Más personas abandonaban sus metas ese día que cualquier otro.

Una semana, yo intenté tres metas fáciles diferentes:

1. Quejarme menos veces.

2. Criticar menos veces.

3. Establecer contacto con más personas.

La primera semana que intenté esas metas, anoté mis resultados en cuatro de los días; por lo tanto, lo probé una semana más. La segunda semana no medí esas metas. Fueron 0 de 7. Lo mismo sucedió la tercera y la cuarta semana. A pesar de mis mejores esfuerzos, no podía incorporar esas metas. Incluso en el nivel más fácil, no estaba dispuesto a hacer el trabajo.

Abandoné las tres sin sentir ninguna vergüenza. Si el único peldaño que tuviera en mi escalera de metas fuera "resolución de Año Nuevo", me habría sentido un fracaso durante el resto del año. En cambio, pude decir: "Probé esas metas fáciles y no me interesaron. ¡La siguiente!". Una meta fácil hace que sea fácil abandonar metas que no deberías haber intentado en un principio.

¿Por cuánto tiempo deberías trabajar en tus metas fáciles? No puedo darte una respuesta exacta. Yo me enfoqué en metas fáciles por dieciséis semanas con el *crossfit* antes de pasar a las metas intermedias. Solamente hice metas fáciles con mi escritura por unas semanas antes de subir de nivel mi esfuerzo. Realmente depende de cuán atascado estés en el juego que estás jugando y de lo que quieras lograr. Lo que puedo decirte es lo que va a suceder después.

Saldrás corriendo rápidamente de la zona de confort, atravesarás la zona de potencial, y terminarás de cabeza en mitad de la zona de caos. ¿Cómo lo sé?

Porque tú también eres una liebre.

8

SÁLTATE LA ZONA DE CAOS CON UNA META INTERMEDIA

La historia más famosa acerca del potencial desperdiciado es la de "La tortuga y la liebre". Si han pasado años desde que leíste esta fábula, permíteme que la resuma.

Una liebre arrogante se burla de una tortuga porque es muy lenta. Como respuesta, la tortuga desafía a la liebre a una carrera. La liebre echa a correr y se pone por delante enseguida, y entonces decide mostrarle a la tortuga cuán rápida es realmente, durmiendo una siesta a un lado del camino. Qué cuadro tan perfecto de hacer que una meta sea más difícil de lo que tiene que ser. Si la liebre siguiera corriendo, incluso a un diez por ciento de velocidad, podría ganar con facilidad.

La tortuga pasa al lado de la libre que todavía duerme, y a pesar de la frenética carrera de velocidad de la liebre cuando descubre lo que sucedió, la tortuga gana la carrera. Aunque esta frase no aparece en el texto original de Esopo, la moraleja de la historia es la siguiente: "La lentitud y la firmeza ganan la carrera". La tortuga es la imagen del inmenso potencial. Corre su carrera. No duerme siestas. No corre con velocidad. Simplemente se mantiene firme y fiel, y al final gana.

Esta historia me desalentó la primera vez que la escuché siendo niño. Yo no quería ser una tortuga, caminando lentamente hacia la victoria como si fuera una piedra con piernas. ¡Yo quería correr!

Me sentía como una liebre en un mundo creado para tortugas. No es extraño que me resultara tan difícil aprovechar mi inmenso potencial. Si las tortugas son la imagen del éxito, pero tú eres por naturaleza una liebre, estás perdido.

¡Fuera con este planeta lleno de tortugas! Yo no soy una liebre; ¡soy una víctima! El sistema está contra mí. ¿Cómo es posible que pueda aprovechar mi inmenso potencial cuando significa que tengo que llegar a ser lo contrario de lo que soy?

Yo estaba condenado por mi inconsistencia.

No se me da bien por naturaleza aplicar un esfuerzo consistente a lo largo del tiempo a una meta específica. Mi hija pequeña me dijo en una ocasión: "Papá, tú tienes TOC (Trastorno Obsesivo Compulsivo)", refiriéndose a que no estaba demasiado enfocado ni tampoco demasiado distante. Yo tengo dos velocidades: neutral o explosiva.

Obtuve una nota promedio de 2,4 mi primer semestre de universidad, estuve a punto de perder todas mis becas de estudio, y después hice una carrera de velocidad hacia obtener un 4,0 el segundo semestre. Esa era la manera más difícil posible de conseguir una buena calificación promedio para el año. Entonces repetí la misma experiencia tan estresante varias veces antes de graduarme, corriendo como una liebre hacia mi diploma.

Doce años después, comencé a romper este hábito de todo o nada, pero no fue porque maduré o aumenté en sabiduría. Cuando mi blog comenzó a crecer, no pude evitar observar todas las ganancias que obtenía cuando era consistente. No tenía que hacer jonrones cada día con mi contenido. Incluso un contenido promedio y consistente supera al contenido inconsistente. Si no tienes calidad al principio (y nadie la tiene cuando comienza algo nuevo), la consistencia te ayudará. Esto funciona debido a un principio muy sencillo acerca del tiempo y el desempeño: todo aquello a lo que aplicamos tiempo, mejora.

Cuantas más horas emplees haciendo ejercicio de las que empleaste el mes pasado, en mejor forma estarás este mes.

Cuantas más horas emplees atendiendo a los clientes, más negocios conseguirás.

Cuantas más horas emplees leyendo, más ideas nuevas tendrás.

Cuantas más horas pases solicitando empleos, haciendo entrevistas, y conectando con otras personas, más probabilidad tendrás de que te contraten.

TODO AQUELLO A LO QUE APLICAMOS TIEMPO, MEJORA.

Aparte de actividades destructivas como, por ejemplo, beber, fumar, o usar patines en línea, es difícil pensar en un juego en tu vida donde este principio no funcione.

La tortuga no gana a la liebre en la carrera porque sea más rápida. La tortuga gana a la liebre porque tiene una marcha intermedia y la liebre no la tiene. La liebre tiene solamente dos marchas: velocidad o sueño. Comienza la carrera, la liebre sale y de inmediato está destruyendo la tortuga. Como dice la historia: "La liebre enseguida quedó fuera de la vista".

Cuando sales de tu zona de confort y experimentas una meta fácil, tendrás la tentación de correr y "quedar fuera de la vista" pasando directamente a la zona de caos.

Tus amigos y familiares ni siquiera sabrán lo que sucedió porque de repente estás corriendo muy rápido. No solo estás comiendo más sano, sino que estás haciendo dieta y modificando todo tu refrigerador con entusiasmo. Llevas tus propias comidas a las casas de amigos porque no estás seguro de si ellos respetarán completamente tu enfoque. Pasaste de no hacer nada a hacerlo todo, y eso causa traumatismo cervical a todo el mundo que te rodea.

Este es un proceso completamente natural, y no hay nada de lo que avergonzarse. Sucede porque pensamos: "Si una meta fácil se sintió bien, una meta inmensa se sentirá cien veces mejor". Como el mono que averigua que al presionar un botón obtiene comida, nosotros comenzamos a pulsar ese botón cada vez con más rapidez. Hacemos que nuestra vida pase a la única otra marcha que hemos conocido antes: la marcha de velocidad. Así es como terminamos en la zona de caos sin ni siquiera darnos cuenta de lo que sucedió.

Un momento, ¿pasamos al lado de la zona de potencial? ¿Saltamos directamente del confort al caos? Lo hicimos. Por eso se llama una dieta yoyó: atiborrarse o purgar, festín o hambre. Cuando tienes solamente dos marchas, terminas solamente en dos lugares: la zona de confort o la zona de caos. Sin embargo, en el medio de esos dos extremos es donde se produce la verdadera diversión. Ahí está la zona de potencial, y para llegar allí necesitamos metas intermedias.

METAS INTERMEDIAS

La mejor parte acerca de la zona de potencial es que es inmensa. Imagina una línea que va de 0 a 100. Cero es la zona de confort y cien es la zona de caos. ¿Adivinas qué es del 1 al 99? La zona de potencial. Más que nada es uno; menos de 100 es 99. Todo lo que hay en el medio es la zona de potencial. No tienes que ser preciso o perfecto para mantenerte en la zona de potencial. Simplemente tienes que intentarlo consistentemente. En una maratón, la línea de inicio tiene sesenta centímetros de anchura, la línea de meta tiene sesenta centímetros de anchura, y toda la distancia restante es la zona intermedia de la carrera.

Una buena meta intermedia quita el misterio a la consistencia y nos da cinco señales claras de que estamos en el camino correcto.

1. LAS METAS INTERMEDIAS TIENEN MARCOS DE TIEMPO DE TREINTA A NOVENTA DÍAS.

A mí me toma treinta días hacer veinte entrenamientos de *crossfit*. Esa no es una meta fácil para mí. Son veinte veces diferentes en veinte días diferentes, por eso tengo que encontrar una hora libre en mi ocupado horario. Estoy dispuesto a hacerlo porque todas las ganancias que disfruté durante mis metas fáciles me decían que era capaz de eso.

Si puedes lograr la meta en un fin de semana largo, no es una meta intermedia. Si te toma seis meses terminarla, no es una meta intermedia. El marco de tiempo es tu indicación más rápida para saber que has creado una buena meta intermedia.

2. LAS METAS INTERMEDIAS SON FLEXIBLES.

Estamos usando las metas intermedias para desarrollar consistencia y regularidad, de modo que es importante que tengamos una amplia variedad de maneras en que podemos trabajar en ellas. Pienso en ello como tener una navaja suiza realmente grande. Si tienes una sola hoja (correr en mi sendero favorito, escribir durante tres horas, o trabajar tranquilamente en mi plan de negocio en la oficina de mi casa), tendrás muy poco progreso. Sin embargo, cada acción que añadas a tu meta es como añadir otra herramienta a una navaja suiza para así estar siempre preparado.

Si yo estoy lleno de energía y tengo varias horas libres en mi mañana, me emociona escribir; sin embargo, si estoy en un avión y me siento cansado, en cambio escucharé un audiolibro. Si incluso estoy demasiado cansado para eso, veré un documental sobre el tema del que estoy escribiendo. Si estoy en algún lugar intermedio entre alta y baja energía, editaré páginas que ya he escrito. Tengo una lista de veinticinco acciones diferentes que cuentan hacia mi meta de escribir. Eso es como tener veinticinco herramientas en mi navaja suiza. Estoy preparado para cualquier cantidad de tiempo, ubicación o nivel de energía cuando se trata de avanzar mi meta. El modo en que tú haces eso mismo es siendo flexible y teniendo docenas de acciones a tu disposición cuando encuentres un poco de tiempo en tu horario. Ver un documental, hacer diez flexiones, o pasar quince minutos ordenando una habitación puede que no parezca mucho, pero avanzar un solo centímetro es un kilómetro de progreso para alguien que nunca se movió.

3. LAS METAS INTERMEDIAS NO SE DESMORONAN SI TE PIERDES UN DÍA.

Estamos apuntando a la consistencia, no a la perfección. Vas a perder algunos días. Hay una gran probabilidad de que no logres 30 de 30 o 90 de 90. El beneficio de una meta intermedia es que es un marco de tiempo bastante largo para que puedas tener la oportunidad de ponerte al día.

Una amiga mía enfocó los pasos de sus metas de la siguiente manera. Su meta intermedia era caminar 10 000 pasos cada día. ¡Esos son muchos pasos en un mes! Sin embargo, se dio cuenta rápidamente de que había algunos días en los que era imposible. Con los conflictos en el horario, podría llegar solamente a 2000 pasos, sentirse un fracaso, y entonces abandonar esa meta. Decidió cambiar las reglas. Ahora apunta a 70 000 pasos en una semana. De ese modo, si no cumple su meta un martes, se concede el fin de semana para ponerse al día.

Si una meta sucesiva funciona para ti, estupendo. Úsala. Si no funciona, concédete una oportunidad de ponerte al día. Una buena meta intermedia nunca es tan rígida que se vuelve frágil.

4. LAS METAS INTERMEDIAS TE ALIENTAN A MODIFICAR TU HORARIO.

Apenas tienes que tocar tu horario para lograr una meta fácil, pero una meta intermedia requiere un poco más de intencionalidad. ¿Puedes sacar el 3 por ciento de tu semana para trabajar en tu meta? Eso supone apenas cinco horas.

Sé que parece como si llevara un cronómetro conmigo y estuviera diciendo constantemente: "Me gustaría utilizar 2,3 minutos en esta actividad", pero prometo que no soy tan preciso. Simplemente creo que es útil poner en contexto nuestro tiempo.

Si te digo que estoy demasiado ocupado para convertir una meta fácil en una meta intermedia, lo que estoy diciendo es: "Estoy demasiado ocupado para encontrar ese 3 por ciento de mi semana. Sí, estoy desesperado por cambiar mi vida, pero simplemente no puedo cambiar el 3 por ciento de mi semana". Si eres un líder y uno de tus empleados se niega a hacer un cambio del 3 por ciento en su desempeño, sabrás al instante que no trata muy en serio su carrera profesional.

5. LAS METAS INTERMEDIAS TIENEN PACIENCIA INCORPORADA.

Yo no soy una persona paciente. Desgasto el botón del elevador creyendo que, mientras más veces lo pulse, más rápidamente me llevará. Me niego a ver videos de YouTube que muestren cinco segundos de anuncios antes del inicio. Un horno microondas nunca ha llegado al cero en mi presencia. "¡Ya se acerca mucho!", declaro, removiendo pedazos de hielo en cualquier cosa que he sacado del horno demasiado pronto. No me gusta la paciencia, pero cualquier cosa de sustancia la requiere.

Con una meta intermedia, la paciencia es automática porque no se puede acelerar. Una meta intermedia debería tomar treinta días para terminarla. Si tu meta intermedia es tomar vitaminas por treinta días, ¿adivinas lo que no puedes hacer el último día del mes? Tomar treinta píldoras de vitaminas a la vez. Una buena meta intermedia tiene un ritmo incorporado porque no puede lograrse de la noche a la mañana. Hay que enfocarse en ella con el tiempo, día tras día. No puedes compensar los días que perdiste, pero tampoco puedes lograrlo en una carrera loca y precipitada.

¿Qué meta intermedia deberías intentar? Bueno, ¿qué meta fácil te gustó mucho? A mí me encanta monitorizar las horas que he escrito en una semana. Solamente con un juego breve, podría decir que sería divertido intentar eso durante todo un mes.

No todas las metas fáciles pasarán a ser metas intermedias. Como promedio, solamente alrededor del 20 por ciento de las metas fáciles que yo pruebo llegan hasta lo más alto de la escalera y se convierten en metas garantizadas. Por ejemplo, probé si podía tomar colágeno en mi café en la mañana cada día durante una semana. Entonces lo intenté durante un mes, y finalmente durante un año. Al escribir estas palabras, tengo un pequeño paquete a mi lado para llevarlo a un viaje a San Antonio (es para mis rodillas, no para mis labios, que ya están demasiado rollizos). Esa meta se convirtió en una meta intermedia, pero otra meta fácil relacionada con la rodilla no lo hizo.

En una ocasión intenté dar cien pasos caminando hacia atrás cada día porque un experto en rodilla dijo que era bueno. Probablemente lo es, pero a mí no me gustó, y me veía como un tipo raro al hacerlo en mi barrio. Después de solo cuatro días, abandoné esa meta fácil. No era necesario convertirla en una intermedia.

Durante el proceso de investigación para este libro llevamos a miles de personas por los retos de establecer metas. Uno de los principios fundamentales que probamos fueron las metas intermedias. En lugar de intentar escribir un libro entero, perder cincuenta kilos, comenzar una empresa, o cualquier otra cosa en la escala de caos de las cosas, nos enfocamos en las metas intermedias. Yo alenté a los participantes a que escogieran tres acciones de quince minutos y se mantuvieran fieles a ellas durante un periodo de noventa días. Había una gráfica con una lista de verificación, contenido en video, y recordatorios de texto diarios. Hice que el juego fuera lo más fácil posible para todos.

A nadie realmente le gustaba al principio. Todos querían acelerar. Podía sentir cuando enseñé esta lección el primer día que había una sensación general de pensar: "¿Esto es todo?". Las tortugas nunca se apuntan para proyectos de investigación sobre establecer metas, solamente las liebres lo hacen. Sin embargo, tras los noventa días, los resultados revelaron que las metas intermedias funcionan.

De todos los encuestados, el 92 por ciento reportó que había aprovechado más de su potencial. Ese es un número chistoso, pero el que me gustó todavía más fue este: el 88 por ciento de las personas dijeron que, cuando se enfocaban en sus acciones pequeñas, les ayudaba a pensar también en metas más grandes. La consistencia es contagiosa. Cuando la practicas de maneras pequeñas y fáciles, te influencian de maneras importantes en otras metas.

Angela Belford escogió "construir mi plataforma" como su meta intermedia. Esa es una elección realmente popular en este momento porque el internet nos ofrece a todos la oportunidad de construir una audiencia que apoye un negocio. Angela compartió conmigo sus resultados:

(1) Completé mi diario de cuatro semanas que es un generador principal para mi lista de correo electrónico.
(2) Lancé mi podcast. Mi quinto episodio se subió ayer.
(3) Lancé mi primer reto de cinco días en el internet.

Todos ellos son nuevos logros, pero lo interesante es que la meta intermedia despertó también una antigua meta. Angela dijo: "Escribí mi libro *Be Freaking Awesome* (Sé asombrosamente increíble) en 2017, pero no he hecho nada para promoverlo desde 2018". Su yo atascado mantenía ese libro en un estante; sin embargo, cuando aprendió a vivir en la zona de potencial, ella dice: "Literalmente, hice más en los últimos noventa días de lo que hice en tres años. ¡Bravo!".

¿Sabes cuán divertido es cuando revives una vieja meta y realmente ves resultados? Angela lo sabe.

Kate Homonai experimentó el mismo tipo de resultados, pero decidió compartir sus comentarios en forma de una queja falsa. Ella escribió: "Me gustaría insertar una no-queja acerca de los efectos secundarios no problemáticos de este reto". ¿Cuáles eran sus dos "problemas"?

(1) Se ha vuelto demasiado fácil para mí caminar un kilómetro. No consigo ningún punto de minuto activo en mi rastreador porque caminar un kilómetro ya no influye

LA CONSISTENCIA

ES CONTAGIOSA.

nada en mi ritmo cardiaco. (2) Mi día discurre con demasiada soltura cuando aparto diez minutos para planear. No me olvido de cosas ni me siento abrumada. ¿Es esta la sensación de ser responsable y estar en control?

Las metas intermedias son magia, y las pequeñas acciones consistentes siempre se convierten en un mejor momento más grande. Monica Lamb escogió tres metas, y todas ellas crecieron:

(1) "Levantarme a una hora concreta cada día" se convirtió en levantarme y tener un plan. (2). "Caminar un kilómetro cada día" aumentó hasta dos o tres kilómetros, rastrear diariamente mis pasos, monitorear mi comida, y perder cinco kilos. (3). "Emplear quince minutos en tu plataforma" se ha convertido en un ministerio totalmente nuevo y enfocado en las misiones.

Eso es lo divertido de las metas intermedias: tienen el potencial de crecer. Si la meta intermedia de Monica hubiera sido: "Caminar tres kilómetros cada día", se habría sentido desalentada por la cantidad tan grande y habría abandonado. Esa es una conducta de zona de caos: pasar de cero kilómetros al día a tres. En cambio, ella escogió la intermedia, estableció la meta en un kilómetro, descubrió la zona de potencial, y aumentó su meta a dos o tres kilómetros cada día, rastrear sus pasos, monitorear la comida, y perder cinco kilos.

Tal vez Monica llegará a perder diez kilos. Quizá caminará siete kilómetros al día, o correrá una media maratón. Cuando has entrado en tu zona de potencial, cualquier sueño parece posible. Monica puede convertir fácilmente cualquiera de sus metas intermedias en metas garantizadas aún mayores si quiere hacerlo, y tú puedes hacerlo también.

Renee Mildbrandt logró que su juego fuera exitoso creando una meta intermedia estupenda: "Cien palabras es suficiente". Ella solía jugar un juego más difícil en el que decía para sí: "Si no puedes escribir mil palabras al día, ni siquiera te molestes". Esa es una meta que suena mucho más impresionante, pero la realidad es que ella escribió cero palabras cuando ese era su enfoque porque era una meta de zona de caos. Siempre nos sujetamos a normas imposibles en la zona de caos.

Al principio, apuesto a que escribir consistentemente cien palabras al día no parecía ser lo que haría un "verdadero escritor", pero la carta que Renee me escribió demostraba que estaba funcionando: "Actualmente estoy en 74 002 palabras", me dijo, "y habré terminado de escribir mi libro al final del mes". Ella llegó a escribir un libro completo estableciendo una meta intermedia.

CUANDO JUEGAS CON MÁS FRECUENCIA, GANAS CON MÁS FRECUENCIA. CUANDO GANAS CON MÁS FRECUENCIA, JUEGAS CON MÁS FRECUENCIA.

Un participante tras otro, una página tras otra, esas eran las historias que no dejábamos de escuchar. El motivo no es sorprendente.

Cuando evitas la zona de caos con una meta intermedia, no te quemas y abandonas. Terminas jugando con más frecuencia cualquier juego que escogiste. Cuando juegas con más frecuencia, ganas con más frecuencia. Cuando ganas con más frecuencia, juegas con más frecuencia. Es cíclico.

Todo parece muy fácil, ¿no es cierto? En las palabras inmortales del destituido CEO de GE, Jeff Immelt, respondiendo a críticos que lo atacaron con su sugerencia de lo que ellos habrían hecho en su lugar: "Todo trabajo parece fácil cuando no eres tú el que lo hace".[1] No andemos con rodeos ni endulcemos el trabajo duro que siempre requiere el éxito.

Las metas intermedias son más desafiantes que las metas fáciles, de ahí su nombre. Como regla, cuestan más de tu recurso más limitado, y lo único de lo que no puedes obtener más: el tiempo. Nadie ha tenido nunca tiempo suficiente. Estoy seguro de que los habitantes de las cavernas siempre se quejaban de que, entre cazar mamuts, pintar en las cuevas, y evitar a los tigres dientes de sable, era imposible encontrar "tiempo para mí".

Nadie lo ha tenido nunca fácil cuando se trata de la administración del tiempo, pero es más difícil para ti porque, contrario a los hombres de las cavernas, tú llevas un casino en tu bolsillo.

9

PLANEA UN ASALTO AL CALENDARIO

El potencial es difícil porque Netflix es fácil.

El potencial es difícil porque Instagram es fácil.

El potencial es difícil porque Facebook es fácil.

Puede que no pienses así a menudo en empresas en la misma frase junto a tu propio potencial, pero deberías hacerlo.

Twitter no quiere que inicies un negocio. TikTok no quiere que corras una media maratón. HBO Max no quiere que escribas un libro. Incluso las app de citas no quieren que tengas un matrimonio largo y saludable. Quieren que tengas cien citas sin significado porque entonces nunca pondrás fin a tu suscripción de pago a sus servicios.

Siempre que te atrevas a emplear más tiempo explorando tu potencial y menos tiempo distraído, cientos de miles de personas se ponen muy nerviosas. Es verdad. El mundo moderno está diseñado para evitar que aproveches tu inmenso potencial.

¿Sabes cuál es la meta de cada uno de los 58 456 empleados de Facebook? Distraerte. No intentan conectarte con viejos amigos de la secundaria. No les importa que te gusten las chinchillas y finalmente fundes un grupo de otras personas a quienes también les gustan. No intentan educarte acerca de las noticias. Intentan dirigir tu atención hacia los anuncios pagados. ¡Y deberían hacerlo! Son un negocio que se basa en la atención. Hay empresas cuyo modelo de negocio es tu tiempo; por lo tanto, si te está resultando difícil sacar tiempo para metas intermedias, no te flageles. Las probabilidades están en tu contra.

¿Por qué sucedió eso? ¿Por qué te resulta más difícil aprovechar tu inmenso potencial ahora? Porque la tecnología de la distracción escaló con más rapidez que nuestra habilidad para enfocarnos. ¿Puedes comenzar a imaginar los grandes pasos que hemos dado en la tecnología de la distracción en los veinte últimos años?

La principal distracción que yo tenía en el primer teléfono celular que compré, era un juego llamado *Serpiente (Snake)*. ¿Recuerdas ese juego? Si tienes mi edad, seguro que sonreíste un poco. Era un juego en blanco y negro donde una línea recorría lentamente la pantalla. Fascinante.

HAY EMPRESAS CUYO MODELO DE NEGOCIO ES TU TIEMPO.

Esa era la única distracción que había en mi teléfono.

Ahora mi teléfono contiene toda forma conocida de entretenimiento jamás creada. Contiene miles y miles de juegos de video. Contiene miles y miles de podcasts. Contiene millones de libros. Contiene acceso a más de quinientas horas de contenido en video que se sube a YouTube cada minuto. Mi teléfono contiene los sitios de redes sociales más dinámicos y de vanguardia, conectándome al instante con cualquiera a quien he conocido, con quien haya ido a la escuela, o haya visto en una de esas películas que también contiene. ¡Puedo hacer comentarios en las publicaciones de Instagram de "La Roca"!

Y, a excepción quizá de la calculadora, cada *app* que hay en nuestros teléfonos intenta vendernos algo.

Tienes un casino en tu bolsillo. Esta frase es menos una metáfora y más una realidad, porque los diseñadores de software usan el "diseño persuasivo" para crear *apps* con técnicas perfeccionadas primero en la industria de los casinos. Oliver Burkeman toma nota de esto en su libro *Cuatro mil semanas. Gestión del tiempo para mortales*:

> Un ejemplo entre cientos es el gesto tan extendido de arrastrar hacia abajo para refrescar, lo cual mantiene a la gente arrastrando al explotar un fenómeno conocido como "recompensas variables": cuando no puedes predecir si refrescar o no la pantalla mostrará nuevas publicaciones para leer, la incertidumbre hace que tengas más probabilidad de seguir intentándolo, una y otra vez, como lo harías en una máquina tragamonedas.[1]

No es extraño, entonces, que sea tan fácil perdernos en nuestros teléfonos. Yo sabía que estaba perdido cuando fui testigo de algo en esas vacaciones familiares en Costa Rica que mencioné anteriormente. Nos quedábamos en un extraordinario hotel en el acantilado que tenía una inmensa alberca infinita con vistas al océano Pacífico. Cada tarde, el sol se ocultaba hacia el final del día como un cuadro que se cae de una pared. Había incluso un par de coloridos guacamayos que volaban cruzando la vista como si los hubiera liberado un entrenador de aves. Era ridículamente hermoso.

Una noche, mientras observaba el atardecer, noté que las veinte personas que me rodeaban estaban todas ellas mirando sus teléfonos. No había ni una sola persona mirando el atardecer. Supe en ese momento que si el teléfono va a derrotar a un atardecer en el océano en Costa Rica, indudablemente ganará al enfrentarse a algo desafiante. Si esa vista pierde contra ese aparato, ¿cómo es posible que yo pueda esperar enfocarme un martes cuando estoy en mi oficina?

¿Has pensado alguna vez en eso? Tus distracciones son más fuertes mientras más te enfoques en metas que son difíciles. Yo nunca me distraigo cuando me estoy dando un atracón de Netflix. Nunca me distraigo cuando estoy arrastrando pantallas en Instagram. Nunca me distraigo cuando estoy mirando videos en YouTube (en la historia del internet, ¿hay alguien que haya visto un solo video en YouTube?). A mí me resulta bastante fácil enfocarme en esos momentos. Únicamente me resulta difícil enfocarme cuando se trata de cosas que importan.

Las probabilidades están en tu contra cuando se trata de tu potencial, pero la casa no tiene que ganar este juego. No necesitas un nuevo sistema de administración del tiempo o un nuevo enfoque de la productividad. Nunca vencerás a un casino de ese modo. La única manera de poder superarlo es con una pregunta de seis letras.

LA RAZÓN POR LA QUE TU LISTA DE QUEHACERES NUNCA TERMINA

La mayoría de las metas son mentiras optimistas. Aborrezco pisar tantos pies, pero es cierto.

Sin embargo, creemos que las haremos y declaramos con entusiasmo nuestras intenciones.

¡Correremos!

¡Escribiremos nuestro libro!

¡Construiremos un negocio, perderemos el peso, comeremos mejor, dormiremos más, y otras mil cosas nobles! ¡Aprovecharemos nuestro inmenso potencial!

En una ocasión, un consejero me dijo que eso se llama vivir en "realidad verbal", que es la creencia en que solamente decir algo lo convierte en realidad. Es una señal reveladora de que no estamos viviendo en la zona de potencial.

Mi ejemplo favorito de eso es cómo solía yo empacar para las vacaciones. Me encanta leer. Cuando hacíamos un viaje de siete días yo empacaba siete libros, parecido a la ropa interior: uno para cada día. Mi maleta pesaba cien kilos mientras arrastraba esa minibiblioteca por el aeropuerto.

Durante el viaje, leía la mitad de un libro. Había llevado siete libros a la playa, les había mostrado el Golfo de México, y después los llevaba de nuevo a mi casa. *¿No fue un viaje divertido, muchachos? Disfruté mucho de llevarlos conmigo casi mil kilómetros y no abrir el 90 por ciento de ustedes ni siquiera una vez.*

Antes de salir de viaje, yo estaba convencido de que leería cada uno de esos libros. No podía imaginar no tener conmigo esos libros. Contaba una pequeña mentira optimista y físicamente pesada. ¿Por qué era una mentira? Porque nunca he leído un libro de negocios de 300 páginas en un solo día, y menos todavía siete en siete días. ¿Quién era ese lector rápido que yo me imaginaba que sería en las vacaciones?

No iba a estar leyendo seis horas por día durante los siete días siguientes. Iba a abandonar los libros en cuanto mis hijas quisieran lanzar un *frisbee* en la playa o en cuanto mi esposa quisiera ir a pasear. Mi meta (la cantidad de lectura que planeaba) estaba totalmente desconectada de la realidad de mi calendario y era, por lo tanto, una mentira optimista.

Para comenzar a abordar eso, todo lo que tuve que hacer fue responder a una sola pregunta: *¿Cuándo?*

Esa es la primera pregunta que siempre hago a alguien cuando me habla de una meta que quiere alcanzar.

¿Cuándo?

Al principio no me importa el porqué.

No me importa el cómo.

No me importa quién va a ayudar.

Me importa el cuándo porque, si no tienes tiempo para tu meta intermedia, el mayor porqué del mundo no importa. "¿Cuándo?" es la primera pregunta que le hice a Melissa C., de Los Ángeles, California, una de las participantes en la investigación para este libro. Durante el estudio, ella compartió su deseo de aprovechar más su potencial, pero también los retos que enfrentaba:

> Soy esposa y mamá que hace escuela en casa. Tengo un contrato de mantenimiento del sitio web de nuestra academia de escuela en casa. Enseño una clase para nuestros días cooperativos. Tengo un negocio de venta directa a tiempo parcial principalmente por el descuento. Tengo el deseo de escribir y enseñar para el ministerio. He comenzado a aprender de nuevo a tocar música. Me encantaría aprender a hacer acolchados. Me gustaría que mi casa esté ordenada y redecorada antes de que nuestros hijos crezcan y se independicen. También necesito fortalecer mi corazón. ¿Cómo balanceo lo que quiero y las necesidades?

Pensé en su pregunta y observé que hay doce diferentes roles, responsabilidades y metas. Tal vez tú tienes más o tienes menos, pero tu vida es también muy ocupada.

Cuando confrontamos por primera vez esta realidad de que tenemos demasiadas cosas que hacer y no el tiempo suficiente, partimos en busca de una solución mágica. Tal vez haya un sistema que todavía no hemos probado, un libro que todavía no hemos leído, una *app* que todavía no nos hemos descargado.

Excepto que no lo hay. Yo he probado decenas, quizá cientos, en los veinte últimos años. He empleado mucho tiempo intentando administrar mi tiempo, lo cual parece un poco irónico ahora que lo veo escrito en negro sobre blanco, parecido a comprar una docena de libros sobre cómo ser minimalista.

No hay una solución a tu momento de la verdad, pero hay algo incluso mejor. Hay una verdad que te hará libre: *la razón por la que estás ocupado es que tu imaginación es más grande que tu calendario.*

Tu lista de quehaceres siempre será más grande que la cantidad de tiempo que tienes para cumplirla porque tu imaginación es más grande que tu calendario. Los calendarios son pequeñas cajas planas de tiempo. Tu imaginación es justamente lo contrario. Es infinita. No tiene fondo. Siempre está cambiando, siempre creciendo, siempre ajustándose. Y, entonces, tomas tu imaginación y la combinas con las imaginaciones de otras personas en tu vida: tu cónyuge, tus hijos, tus compañeros de trabajo, tus amigos, tu jefe. Todo aquel con quien te relacionas aporta su propia imaginación maravillosa y desordenada a tu vida con expectativas y tareas propias. ¡El calendario no tiene ninguna oportunidad contra eso!

TU IMAGINACIÓN ES MÁS GRANDE QUE TU CALENDARIO.

La próxima vez que te sientas culpable al final del día por no haber logrado hacerlo todo, anota esta idea en una nota adhesiva y ponla al lado de tu computadora: *Mi imaginación es más grande que mi calendario.* Eso indudablemente te hará sentir mejor, pero si quieres que te vaya mejor, necesitas responder a esta pregunta: "¿Cuándo?".

Al enfrentar la abrumadora lista de Melissa C., le hice una pregunta que te haría a ti también: "¿Cuánto tiempo tienes para aplicar a tu meta en este momento?".

La respuesta más común a esa pregunta es: "No lo sé".

El tiempo solamente se mueve en una dirección. Todos sabemos que el tiempo nos abandona, pero la mayoría no sabemos a dónde va. Podrías probar en hacer una auditoría de tiempo. Sin duda, esa es una respuesta popular al preguntar: "¿Cuánto tiempo tengo?". Podrías monitorear periodos de treinta minutos durante una o dos semanas, escribiendo cada día cosas como: "Mi tiempo de viaje al trabajo fue de treinta minutos". "Me tomó treinta minutos preparar a los niños para la escuela". "Tuve dos horas de reuniones". Y cosas parecidas, pero esa es una tarea bastante abrumadora.

Aunque yo experimenté con ese enfoque en el pasado, e incluso hice un episodio entero del podcast al respecto (para nuestros propósitos de ahora), puede ser un poco desalentador. Es un poco complicado, y a menudo desencadena el perfeccionismo: "Empleé treinta y siete segundos en vestirme; será mejor anotar eso". Una auditoría de tiempo también se equivoca con la necia esperanza de que cada semana será exactamente igual; pero cada semana es diferente. La esperanza de poder mapear un enfoque hora a hora de cada semana no es realista. La vida es más fluida y dinámica que eso.

El gran problema con una auditoría de tiempo es que no te dará una victoria rápida que te haga querer continuar, que es lo que yo busco siempre con cualquier meta. Quiero una minirráfaga de alegría al salir por la puerta, un poco de progreso instantáneo que me inspire a seguir adelante. Si tienes la sensación de que no has estado aprovechando tu potencial, ¿qué te motivará más en este momento: una tarea desafiante o una victoria rápida?

Creo que ambos conocemos la respuesta. Por lo tanto, ¿cómo consigues eso?

Robas los primeros quince minutos.

A JOHNNY DEPP NO LE IMPORTAN TUS METAS

¿Sabías que hay unos treinta minutos desde el momento en que te sientas en un avión hasta el momento en que realmente despegas?

Yo no lo sabía hasta que monitoreé una decena de vuelos y calculé un promedio de tiempo. Lo más rápido fueron veintidós minutos. Lo más lento, una hora y ocho minutos.

Volé quinientas veces en la última década y nunca llegué a notar incluso esa media hora de tiempo. Eso supone 250 horas. Me toma alrededor de 500 horas escribir un libro. No observé que tenía delante el tiempo que necesitaba para escribir la mitad de un libro. ¿Cómo lo descubrí? Cuando comencé a enfocarme en mi potencial, comencé a prestar atención, y decidí robar y recuperar mi tiempo.

No puedes hacer más tiempo, pero puedes robarlo.

Yo no puedo añadir otra hora a mi día. No hay un octavo día en mi semana ni tampoco un decimotercer mes en mi año; sin embargo, puedo prestar atención y robarlo y recuperarlo para como quiera utilizarlo.

Si pasas por mi lado en un avión, espera verme leyendo. Una de mis metas garantizadas es leer cincuenta y dos libros este año. A menos que robe esos bloques de treinta minutos aquí y allá, no hay modo alguno de que tendré tiempo para hacerlo. Por lo tanto, mientras la persona sentada a mi lado en el vuelo está mirando su teléfono, yo voy a estar leyendo.

Hay mucho tiempo disponible; generalmente, solo tienes que robarlo.

Durante el juicio por difamación a Johny Depp, tuiteé una idea rápida:

@JonAcuff

Si estás demasiado ocupado para trabajar en cosas que te importan, pero también has pasado horas siguiendo el juicio de Johnny Depp/Amber Heard como si fuera un triste evento deportivo en el que todos pierden, tengo buenas noticias. No estás demasiado ocupado. Escribe tu libro. Corre tu carrera. Construye tu negocio.[2]

Puedes cambiar "Johnny Depp" por "Bofetada de Will Smith" y sigue funcionando. Podría ser simplemente llenar los espacios en blanco con cualquier cosa que hayan hecho las Kardashian últimamente, un equipo de fútbol fantástico, o cualquier otra pequeña distracción.

¿Por qué es tan importante? ¿Qué suponen quince minutos aquí o quince minutos allá? Lo importante es que, con el tiempo, se van sumando. Si este año vuelo cien veces, habré robado cincuenta horas. Eso es más que una semana completa de trabajo aplicada a algo que me importa. Eso es mucho potencial.

Por lo tanto, roba tus quince primeros minutos.

No apuntes a diez horas. No mires a esas diez mil horas que te tomará llegar a ser un experto.

Encuentra los quince primeros minutos.

¿Puedes sacar quince minutos esta semana para aplicarlos a tu meta intermedia? Hay 10 080 minutos en una semana. ¿Puedes reclamar quince de esos minutos?

La respuesta, sin ninguna duda, es: "¡Sí!". Nadie que esté leyendo estas palabras podría decir: "Jon, quiero aprovechar más mi potencial. Estoy comprometido con la excelencia. ¡Quiero cambiar! Es que no puedo encontrar quince minutos en un periodo de 10 080 minutos. Estoy muy ocupado".

No me preocupa que puedas decir eso. Esa no será la respuesta a esta idea. La respuesta será: "Quince minutos no es tiempo suficiente". Eso es lo que dicen siempre las personas muy productivas porque quieren correr rápidamente hacia nuevos proyectos.

Estoy de acuerdo; a primera vista, tal vez encontrar los primeros quince minutos no parezca ser suficiente, pero eso se debe a que estás olvidando tres cosas:

1. QUINCE ES MUCHO MÁS QUE CERO.

Si trabajaste en tu meta cero minutos la semana pasada, quince minutos esta semana es infinito. Esa es la comparación que debes hacer a propósito. No compares quince minutos con diez horas o diez semanas. Compara quince minutos con cero minutos. Cuando lo hagas, entenderás: "Bueno, eso es más que nada. Te concederé eso".

2. PUEDES CAMBIAR EL MUNDO CON QUINCE MINUTOS.

Puedes lograr mucho más de lo que crees en quince minutos. El discurso de Bettysburg, de Abraham Lincoln, duraba solamente dos minutos, y cambió la forma de los Estados Unidos en unos 120 segundos. Al cohete espacial solamente le toma ocho minutos y medio salir de la atmósfera. Puedes dejar nuestro planeta completo en el espejo retrovisor en menos de nueve minutos. Yo necesité solo treinta segundos para proponer matrimonio a mi esposa. Me tomó mucho más tiempo convencerle para que aceptara, pero arrodillarme, el anillo, todo eso fue bastante rápido. Hay mucho en la vida que puedes encajar dentro de quince minutos.

3. EL ÍMPETU SIEMPRE COMIENZA CON LOS PRIMEROS QUINCE MINUTOS.

La vieja frase que dice "la parte más difícil de cualquier viaje es el primer paso" no es totalmente precisa. La mitad es la parte más difícil. La mitad de cualquier meta es horrible, pero el primer paso no es fácil, especialmente si cualquiera de tus temores acerca de tu meta se ha calcificado con los años. La página en blanco para un escritor, los documentos iniciales para un emprendedor, la primera clase de yoga para alguien que intenta ponerse en forma; todas esas cosas pueden intimidar un poco. Sin embargo, si puedes llegar al minuto dieciséis, estupendo. Es increíble cuán rápidamente disminuye el temor cuando estamos en movimiento. Creemos que necesitamos una cantidad inmensa de tiempo, pero normalmente lo único necesario para comenzar son los primeros quince minutos.

Tal vez te he convencido de que los meros quince minutos tienen valor, pero quizá sigues teniendo esa pregunta molesta que todos enfrentamos: ¿dónde encontraré tiempo libre?

La respuesta es "en medio de tu día".

LOS MINUTOS QUE TODOS PERDEMOS

Susan Robertson terminó recientemente su grado en el internet. ¡Ese es un logro fantástico! ¿Sabes dónde trabajó ella para lograrlo? Dejaré que sea ella misma quien lo diga, pues fue quien hizo todo el trabajo: "¡Utilicé el viaje en la camioneta a la escuela!". Te advierto que no fue una sola vez, pues eso sería el viaje más largo del mundo. Poco a poco, viaje a viaje, Susan logró su grado.

Jason Dayly construyó toda su empresa mientras esperaba vuelos en Atlanta. Ese aeropuerto rebosa de frustración o de potencial. Puedes enojarte contra la injusticia de un vuelo demorado a Kansas City, o puedes robar una hora y recuperarla para una nueva empresa.

La vida de Valerie Richter también está llena de espera, pero ella enfoca su tiempo en un juego de salud. "Me gusta hacer ejercicio mientras espero", dice. "Cuando meto algo en el microondas o en el horno, hago sentadillas o saltitos mientras espero".

E. Beck llama a eso "ejercicios robados". Ella me dijo: "Mi favorito es cepillarme los dientes a pata coja para trabajar en el equilibrio".

Allison Oran usa su tiempo de espera para un juego de diversión. "Consigo unos buenos veinte minutos de lectura por placer mientras me seco el cabello (sé que es extraño)", dijo ella. Tengo que estar educadamente en desacuerdo con ella porque no es extraño. Es estupendo.

Anne Larghe encontró su tiempo extra donde todos podemos encontrarlo: esperando a que empiecen las reuniones por Zoom. "Siempre estoy preparada diez o quince minutos antes, conectada y esperando. Por lo tanto, quince minutos por el número de llamadas por Zoom en una semana se suman". ¿Qué hace ella? Se enfoca en su juego de carrera profesional. Vuelve a priorizar su lista de tareas, escribe notas de agradecimiento, soluciona conflictos en su calendario, y a veces incluso también planea comidas para la semana.

Jennifer Houg descubrió que era tan útil el tiempo en el medio de sus actividades que lo hizo parte de su rutina diaria. Esto es lo que ella me dijo: "Me levanto veinte minutos antes, tomo un receso completo para almorzar, y tomo otros veinte minutos antes de irme a la cama. Eso me da cien minutos al día para lograrlo". Trabajar en sus metas en medio de sus otros compromisos ha demostrado ser fundamental para Jennifer. No siempre es fácil, desde luego. Ella dice: "TENGO QUE decidirlo cada vez porque nunca voy a 'tener ganas'". Pero ha aprendido algo valioso: "El éxito está en los segundos". Trabajar en sus metas personales en medio de otros compromisos demostró ser valiosísimo.

Cada una de estas personas tiene el mismo calendario que tenemos tú y yo, pero aprendieron algo que a mí me tomó décadas averiguar.

Los minutos importan.

Incluso si una meta intermedia avanzó hacia una meta garantizada y tomó años en completarse, como obtener un grado, sabían que esos años estaban compuestos de minutos, y hay muchos de esos minutos escondidos en cada día. No solo los minutos importan, sino que las acciones *de minuto* también importan. Cuando E. Beck encontró dos minutos al cepillarse los dientes, tuvo una acción de dos minutos que pudo incorporar a ese momento. Cuando Jason Daily encontró cuarenta y siete minutos en el aeropuerto, tuvo una acción del tamaño de cuarenta y siete minutos para ese momento.

Así es como Susan Robertson terminó su grado en el internet mientras hacía la línea de viajes en la camioneta. Tuvo suficientes acciones para que, sin importar dónde estuviera y sin importar el poco tiempo que tuviera, pudiera hacer algún progreso. Ella hizo uso del tiempo, y dice: "Incluso si era simplemente escuchar un audio de un video o que el libro de texto se leyera en voz alta". Por eso es tan importante tener una meta intermedia flexible.

Uno de los motivos por lo que he podido escribir nueve libros es que tengo esa navaja suiza de acciones. Muchos escritores solamente tienen pocas acciones, como "escribir por dos horas" o "investigar profundamente un tema". Cuando aparecen quince minutos de tiempo de modo inesperado, no tienen una acción que encaje en ese espacio. Yo la tengo, y tú también deberías tenerla, porque te da todo el día para jugar y no solo momentos específicos y perfectos. Tampoco malgastas tiempo intentando decidir qué hacer. Si la persona que va delante de mí en la peluquería habla

NO SOLO LOS MINUTOS

IMPORTAN, SINO QUE LAS

ACCIONES *DE MINUTO*

TAMBIÉN IMPORTAN.

mucho y mi cita se demora, no es problema. Simplemente encontré diez minutos extra para leer un libro en Kindle.

Robar minutos de actividades que no los merecen y aplicarlos a acciones intencionales se siente estupendo. También cambiará mucho más que únicamente tu modo de pensar en distracciones como las redes sociales.

Cuando comiences a valorar tu tiempo, entenderás que el estrés y la preocupación tampoco lo merecen. Cuando el estrés dice: "Oye, pasemos una hora enfocándonos en algo tonto que dijiste la semana pasada", tú pensarás: "No, gracias. Podría hacer algo estupendo con esa hora". Cuando estás en busca de tu potencial, el estrés no parecerá el tipo de acción que merece tu tiempo.

No es que dejes de preocuparte; simplemente comienzas a trabajar en tu meta y un día te das cuenta de que tienes menos tiempo para cosas como el estrés, el temor y la duda. Te importa demasiado tu recurso limitado del tiempo como para regalarlo con indiferencia a algo que no te está sirviendo de nada.

Ese es uno de los principios fundamentales de aprovechar tu potencial. No te vuelves más disciplinado en evitar cosas que estén malgastando tu tiempo; te dedicas más a las cosas que importan y terminas disfrutando de más disciplina de la que nunca conociste.

ES SOLO UNA CUESTIÓN DE TIEMPO

Puedes lograr cualquier cosa si empleas el tiempo suficiente en ello. El Estado de Tennessee me enseñó eso accidentalmente.

En mi Estado, requieren que manejes con tu hijo o hija adolescente durante cincuenta horas antes de que tomen el examen para la licencia. Al principio es una tarea desafiante porque estás poniendo tu vida en sus manos durante las primeras veinticinco horas. Yo juzgaba esas primeras horas según cuántas veces casi muero y cuántas veces tuve que disculparme con mis hijas por gritar: "¡Vamos a morir!".

Pero, mientras escribo estas palabras, puedo ver a mi hija pequeña saliendo con el auto para ir a su entrenamiento de natación. Ahora, ella maneja sola a todas partes. ¿Cómo pasamos de decir "¡vamos a morir!" a decir "trae leche cuando regreses de la escuela"?

Con tiempo.

Puedes tomar a una adolescente aterrorizada que está convencida de que nunca será capaz de manejar un auto y convertirla en una conductora capaz en unas cincuenta horas. ¿Sabes que me refiero a ese hijo tuyo que se cortó él mismo el cabello un día porque dejaste las tijeras sobre la mesa de la cocina? ¿El que causó un cortocircuito para descubrir lo que sucede cuando metes un tenedor en un enchufe? ¿El niño que cuando estaba en la primaria grabó "Feliz cumpleaños" en el costado de tu auto con un destornillador para darte una sorpresa?

¡Ese niño va a manejar un vehículo!

Ese niño manejará en pasos elevados en la autopista, rebasará a camiones, y enfrentará tormentas inesperadas en mitad de la hora pico. Ese niño va a aprender a manejar en cincuenta horas.

¿Qué podrías hacer tú en esa cantidad de tiempo?

¿Qué sucedería si emplearas cincuenta horas en una nueva oportunidad de trabajo? ¿Qué sucedería si emplearas cincuenta horas en un segundo empleo? ¿Qué sucedería si emplearas cincuenta horas en un matrimonio menos que maravilloso?

Comienza con los primeros quince minutos. Entra con cuidado en la aventura, sin duda, pero has de saber esto: mientras mejores más en robar tiempo a las cosas que no lo merecen, más tiempo tendrás para emplearlo en las cosas que sí lo merecen.

Utilizar bloques de tiempo de este modo es también un método alternativo perfecto para el temor. Cuando el temor dice: "No puedes construir un negocio", no discutas. Simplemente cambia la conversación. Di: "No tengo que construir un negocio. Solo tengo que emplear cinco horas, diez horas, veinte horas, o cincuenta horas en mi juego y comprobar lo que ocurre".

¿Puedes ponerte en forma? No lo sé. Sin embargo, apuesto a que puedes poner cinco minutos en un temporizador y pasear. ¿Puedes hacer que tu casa entera brille con la limpieza de Martha Stewart? No lo sé. Sin embargo, apuesto a que puedes hacer maravillas con tres horas esta semana. ¿Puedes escribir la historia fidedigna de la condenada *Lusitania*? No lo sé. Sin embargo, apuesto a que puedes encontrar más inspiración de la que nunca imaginaste que fuera posible cuando empleas diez horas explorando la idea.

El tiempo es un recurso, pero es también una herramienta. Siempre que me encuentro con una meta que me causa temor, la divido en tiempo. Cuando mi bandeja de entrada está fuera de control, no intento llegar a tener cero mensajes en mi bandeja. Decido trabajar en los correos durante treinta minutos. Cuando no tengo ganas de hacer ejercicio en una habitación de hotel en San Antonio, Texas, pongo cuarenta y cinco minutos en un temporizador y comienzo. Cuando un libro en proyecto se aproxima, lo divido en horas y comienzo. Escribí todo este libro, las seiscientas horas que me tomó, en segmentos de quince, treinta, y sesenta minutos.

Roba tu tiempo a actividades que no lo merecen. Encuentra los primeros quince minutos y busca los momentos en medio de esas actividades. Cuando lo hagas, el tiempo dejará de ser un recurso que siempre se te agota y se convertirá en una métrica clara y consistente que puedes usar para hacer un progreso claro y consistente.

LOS RESULTADOS SON LO ÚNICO QUE GRITA MÁS QUE LA INCOMODIDAD

Las metas intermedias nos ayudan a evitar la zona de caos y a robar tiempo, e incluso pueden convertirse en metas garantizadas; pero tengo que hacerte una advertencia: al principio se sentirán extrañas.

Dar ritmo a mi desempeño en lugar de correr rápido y detenerme, me pareció como escribir con mi mano izquierda las primeras veces que lo intenté. Era incómodo. Todavía sigo siendo una liebre de corazón. No quería desperdiciar mi tiempo con la mitad de la escalera de metas. ¡Quería agarrar el peldaño de arriba y machacar las metas garantizadas!

La disciplina no evitó que hiciera eso; los resultados de probar algunas metas intermedias sí lo hizo. Los días se convirtieron en semanas, las semanas se convirtieron en meses, y pude ver el progreso que otras personas y yo estábamos haciendo. El enfoque funcionó, y cambió mi carrera profesional. Comencé a escribir libros de modo consistente y a correr medias maratones. Ya no era ese estudiante universitario fracasado que usaba mal cada gramo de potencial que tenía, y todo lo que necesité fue una meta.

Sin embargo, justo cuando las cosas comenzaron a despegar realmente, todo casi me explota en la cara porque estaba utilizando el combustible incorrecto y ni siquiera lo sabía.

EL COMBUSTIBLE

10

ENCUENTRA TU COMBUSTIBLE FAVORITO

Me gustaría que solamente tuviéramos que ser desatascados una sola vez en nuestra vida. Me gustaría que, cuando visitamos la zona de potencial, automáticamente permaneciéramos en ella para siempre. Me gustaría que las lecciones que aprendimos quedaran retenidas para siempre la primera vez que las aprendimos. Sin embargo, una vida abundante y llena es, por lo general, una serie de escapadas de las zonas de confort y de caos, y no un evento singular.

En 2019 yo era ya un autor, una meta que comenzó cuando estaba en tercer grado en la escuela primaria Doyon en Ipswich, Massachusetts. Viajaba por todo el mundo compartiendo ideas con empresas. Tenía mi propio negocio, y me sentía a un millón de kilómetros de la zona de confort de la que había escapado con mi blog hacía casi una década.

Sobre el papel todo iba estupendamente, pero había problemas en el horizonte, y mi esposa lo vio antes que yo. Unos días después de firmar el mejor contrato editorial de toda mi vida, un momento que debería haber sido la cumbre de la zona de potencial, Jenny me dijo algo sorprendente: "Jon, eres un maleducado durante los dos años en que escribes un libro, y eres un maleducado durante los dos años que vendes el libro" (ella realmente no dijo la palabra "maleducado", pero estoy intentando que este libro sea apropiado para toda la familia).

Conversamos por una hora en la cocina aquel día, y ella terminó la conversación con una proclamación aleccionadora: "Las cosas no son así. Esto no funciona para nuestro matrimonio. Prefiero que seas un plomero feliz que un escritor desgraciado". Me tomó casi una semana entender lo que ella quiso decir.

Para que yo me pusiera a trabajar en un gran proyecto como escribir dos libros, tenía que entusiasmarme a mí mismo, y el único modo que conocía para hacer eso era con el estrés.

La crisis era mi combustible. El caos era mi combustible. El temor era mi combustible.

No podía llegar a inspirarme a menos que las cosas fueran tan desesperadas que no tuviera otra opción. Tenía que llevarme a mí mismo a un rincón, cortar todos los medios de escape, y esperar hasta que tuviera muy cerca la fecha límite antes de conseguir motivarme.

En la fábula de Esopo, la liebre no corrió por la alegría de correr. Corrió por darse cuenta con pánico de que estaba a punto de perder. Así es como también yo actuaba. Mientras mayor fuera el proyecto, más combustible necesitaba para terminarlo y, por lo tanto, mayor el caos que tenía que crear para motivarme a mí mismo. A fin de realizar un proyecto editorial de cuatro años, tenía que elevar mis niveles de estrés hasta cien.

¿Alguna vez trabajaste con un líder a quien se le da estupendamente apagar fuegos? En tiempos de crisis, sobresalen. Están a la altura del reto, evitan el desastre y salvan la situación. Sin embargo, ¿qué sucede cuando no hay ningún fuego en el que enfocarse? Se sienten inútiles, y a los líderes no les gusta esa sensación. ¿Qué hacen en ese momento? Crean un fuego para así volver a sentirse valiosos. Ahora no tienes a un líder contigo; tienes a un incendiario.

Cuando comparto esta idea en discursos en empresas, es la que hace que las personas se den con el codo las unas a las otras o miren a un jefe que está sentado cerca. Es una verdad incómoda, y es la zona de caos en su máximo esplendor. En lugar de ir de un lado a otro entre la zona de confort y la zona de caos, plantas tu tienda en el extremo turbulento del espectro. Es como mudarse a la Franja de Las Vegas. Es brillante, con un sonido muy fuerte, es estresante, y al principio te hace sentir vivo.

Ese es el problema: no es un problema al principio. De hecho, extinguir un fuego en tu vida puede ser una forma de inspiración saludable.

En la década de los ochenta, Richard Beckhard y Reuben T. Harris desarrollaron una fórmula popular que representaba lo que requiere el verdadero cambio. La fórmula es I x V x P > R. La I es tu *insatisfacción* por cómo son las cosas en el presente. La V es tu *visión* para el futuro. La P son *los primeros pasos* que vas a tomar. Y la R es tu *resistencia* al cambio.

Cuando tu insatisfacción es lo bastante profunda, tu visión es lo bastante grande, y tus primeros pasos son lo bastante claros, vencerás la resistencia y cambiarás de verdad.

Un médico que te advierte de problemas de salud en el futuro si no haces cambios en tu estilo de vida está usando la insatisfacción para motivarte.

Un jefe que te despide te está ofreciendo una oportunidad de demostrarle que se equivoca con el buen desempeño que realices en tu siguiente empleo.

Una persona importante que rompe contigo te está dando una de las razones más comunes por las que las personas se apuntan a un gimnasio.

El dolor conduce al cambio, lo cual es estupendo. Al principio.

Sin embargo, finalmente fracasa como combustible sostenible por las siguientes razones:

1. EL DOLOR TERMINA.

Es de esperar que la crisis tenga una conclusión. Pierdes el peso que el médico te sugirió. Consigues un nuevo empleo después de ser despedido. Pagas la deuda de la tarjeta de crédito. Incluso una pandemia se disipa. Cuando eso sucede, si el dolor es la única fuente de combustible que tienes, te quedas con una sensación agridulce pensando: "¿Y ahora qué?".

Si el dolor es tu razón para cambiar, cuando ya no tengas dolor abandonarás o crearás una nueva crisis. Un presidente de una agencia de talentos me dijo en una ocasión que estaba teniendo problemas con un empleado que seguía viviendo en modo supervivencia. Durante la pandemia, la empresa había reducido personal y ese empleado tuvo que hacer el trabajo de tres personas. Fue muy bien durante un tiempo, salvando la situación en su pequeño departamento y montado en la ola de esa crisis hacia el éxito. Un año después, aunque la empresa había vuelto a contratar personal, el empleado seguía actuando con velocidad de pánico. Se negaba a admitir que ya no tenía que hacer el trabajo de tres personas. En lugar de compartir responsabilidades con sus nuevos compañeros de trabajo, iba apresuradamente realizando proyectos y dejando caer balones a izquierda y derecha. El dolor había terminado, pero el uso que hacía de él no terminó, y estaba causando problemas significativos en una oficina que ya no estaba en crisis.

2. OLVIDAS EL DOLOR.

Mi primera caries fue la peor experiencia de mi vida. Aborrecía cada momento, y juré que me cepillaría los dientes religiosamente desde ese momento en adelante. Estaba decidido a no tener nunca más otra caries; sin embargo, sucedió. Ese dolor puede que me motivara durante una semana o dos hacia una nueva conducta, pero finalmente me olvide de él. Mientras más me alejaba del dolor, menos eficaz era como fuente de motivación. El dolor de la caries del año pasado no fue suficiente para inspirarme a cepillarme los dientes en el presente.

3. EL DOLOR SE CONVIERTE EN AMARGURA.

Si tu meta es demostrar que alguien está equivocado, es casi imposible salir de esa experiencia sin sufrir ningún daño. El dolor no procesado a menudo se convierte en amargura. Terminas librando una guerra que nadie más está peleando. El viejo jefe al que intentas superar probablemente se olvidó de que existes. La exnovia ahora está casada y tiene dos hijos, y rompió contigo principalmente porque era una estudiante universitaria inmadura que todavía no sabía cómo mantener relaciones reales. El papá del que intentas obtener elogios podría haber fallecido hace diez años, pero sigues aferrándote a su aprobación como fuente de motivación. El dolor como combustible finalmente te deja vacío en lugar de llenarte.

A pesar de saber intelectualmente todo eso, yo seguía utilizando el dolor y la crisis como combustible. Es difícil soltar una fuente de combustible cuando has confiado en ella por años, especialmente si has sido exitoso. Sin embargo, cuando mi esposa me dijo que era una angustia estar cerca de mí, mis niveles de estrés comenzaron a convertirse en problemas de salud física, y toda la alegría del trabajo soñado por el que había trabajado tanto para obtener, me parecía más un aburrimiento.

Estaba atascado: otra vez.

Quería aprovechar más de mi potencial, pero el único modo que conocía era hacerlo con un combustible que finalmente haría que me quemara. Incluso el cohete espacial suelta el cohete acelerador cuando sale de la atmósfera de la tierra. "Una fuente sólida de combustible ayuda a los cohetes con el impulso inicial, pero una vez prendidos, los propulsores sólidos arden continuamente, limitando el número de aplicaciones".[1] En otras palabras, cuando comienza, no puedes disminuir la fuente de combustible sólido; solo puedes soltarla totalmente.

En ese punto, los astronautas cambian a propulsores líquidos que "pueden iniciarse y detenerse a voluntad a lo largo de una misión, lo cual los convierte en los mejores candidatos para el viaje espacial".[2] El combustible sólido de cohetes, muy parecido a las crisis, tiene una sola función: ayudarte a escapar de la atmósfera en la que estás. Si realmente quieres llegar a nuevos niveles, no puedes confiar en él.

Yo era como un cohete acelerador, pero tenía universos completos que quería explorar. Necesitaba un nuevo combustible.

COMBUSTIBLES DE LA ZONA DE POTENCIAL

Hace quince años atrás, mientras estábamos en un patio en Alpharetta, Georgia, un amigo me hizo una pregunta sorprendente: "¿Por qué sigue trabajando tu suegro?".

En ese tiempo, mi suegro tenía unos cincuenta años, pero había logrado muchas cosas desde su primer empleo de realizar sistemas de aspersores al terminar la secundaria. A pesar de no haber terminado la universidad, había ascendido por los rangos de varios negocios y era el presidente de zona de la segunda empresa en manos privadas de construcción de casas del país. Manejaba cientos de millones de dólares en proyectos y, según muchas definiciones de la palabra, había "llegado". Sin embargo, me agarró por sorpresa que mi amigo creyera que debería retirarse con cincuenta y dos años.

"No tiene que seguir trabajando. Podría dedicarse a jugar al golf", continuó, declarando una opción obvia que mi suegro aparentemente no había pensado. "¿Por qué sigue trabajando?".

Es una buena pregunta que se puede hacer a cualquier persona que sea exitosa. ¿Por qué sigue trabajando Oprah? ¿O Jeff Bezos? ¿O Warren Buffett? No puede ser por el dinero.

¿Crees que Warren Buffett trabaja tan duro porque su meta es obtener doscientos mil millones de dólares? ¿Crees que dejará de trabajar cuando llegue a esa cifra? No. El dinero desde hace mucho tiempo dejó de ser la fuerza impulsora en su vida. Por eso, en 2006 prometió donarlo todo. "Más del 99 por ciento de mi riqueza se empleará en filantropía durante mi tiempo de vida o cuando muera". Palabras fuertes para alguien con un valor de más de cien mil millones de dólares, pero cobra todavía más fuerza cuando él describe por qué lo hace: "Si usáramos más del 1 por ciento de mis certificados de acciones de Berkshire Hathaway en nosotros mismos, ni nuestra felicidad ni tampoco nuestro bienestar mejorarían. Como contraste, el 99 por ciento restante puede tener un efecto inmenso en la salud y el bienestar de otros".[3]

La búsqueda de dinero podría haber dado inicio a la carrera profesional de Buffett, pero desde entonces ha cambiado a un combustible más sostenible. En algún momento en el viaje, las personas muy productivas siempre hacen un cambio y pasan de combustible de corto plazo a combustible de largo plazo si quieren mantenerse en la zona de potencial.

La zona de potencial es especial. No funciona con combustible regular. Solamente acepta cuatro tipos:

1. Impacto.

2. Destreza.

3. Comunidad.

4. Historias.

Si esas palabras no resultan un poco familiares, deberían. Son las mejores versiones de las ideas que encontraste ocultas en tu lista de mejores momentos.

Tus mejores *logros impactarán* al mundo.

Tu mejor *experiencia* viene de perseguir tu *destreza*.

Las mejores *relaciones* conducen siempre a la *comunidad*.

Los mejores *objetos* relatan una *historia*.

Estos son los cuatro combustibles más potentes y más sostenibles para tener éxito en tus metas intermedias. Las metas intermedias son desafiantes. Si realmente quieres trabajar en algo durante treinta a noventa días, necesitas mucho más que solamente el impulso que te hizo salir de la zona de confort. Necesitas un combustible.

Si la mayoría de tus mejores momentos estaban basados en relaciones, ¿adivinas qué combustible te inspirará más? Comunidad.

Si las experiencias llenaron tu lista, ¿puedes imaginar cuál de los cuatro te motivará? Destreza.

Si los logros te motivaron, también lo hará el impacto.

Si eras una mezcla de los cuatro, entonces prepárate para una mezcla única de los cuatro combustibles. Todo el mundo los utiliza de modo un poco distinto.

COMBUSTIBLES DE LA
ZONA DE POTENCIAL

1. IMPACTO.
2. DESTREZA.
3. COMUNIDAD.
4. HISTORIAS.

Warren Buffett progresa con el impacto. Elon Musk prospera con la destreza. Oprah Winfrey cree en la comunidad. ¿Y tú? Bueno, vamos a descubrirlo juntos.

Probablemente no terminarás siendo millonario. Puede que yo no llegue hasta Marte. Probablemente nunca llegaré a gritar: "¡Y ganaste un auto!". Sin embargo, si quiero aprovechar el cincuenta por ciento de mí que está esperando a salir, necesito el combustible adecuado, y tú también.

11

ALCANZA LA MEJOR CLASE DE LOGRO

Con veintiocho años de edad, Scott Harrison lo tenía todo. Exitoso promotor de clubes en la ciudad de Nueva York, manejaba un BMW, tenía un piano de cola en su apartamento de Manhattan, tenía citas con modelos que aparecían en las cubiertas de las revistas de moda, y pasaba los fines de semana entre Milán, París y Londres. Su trabajo era sencillo: llenar clubes hermosos de personas hermosas que pagaran mil dólares para beber una botella de champán de cuarenta dólares. Y era muy bueno en ello. Budweiser le pagaba cuatro mil dólares al mes solamente porque lo vieran bebiendo su producto en público. Él era un *influencer* antes de que ni siquiera existiera el internet. Después de una niñez que pasó cuidando de una mamá inválida, estaba viviendo el sueño de la gran ciudad y lo tenía todo, hasta que su combustible de corto plazo comenzó a fallar.[1]

Puedes alcanzar cosas extraordinarias con fama, dinero y poder, pero son mejores como una consecuencia de una vida bien vivida en lugar de ser una causa para vivir la vida. Cuando se acercaba a los treinta años, Scott llegó a un lugar que la mayoría de las personas muy exitosas no alcanzan hasta mucho después en la vida.

"Me di cuenta de que nunca sería suficiente", me dijo cuando lo entrevisté en mi podcast. "Si muriera, no habría ningún propósito para mi vida. Mi lápida diría: 'Aquí descansa un promotor de

clubes que desaprovechó a un millón de personas', punto y final".
No sé si se graba una frase tan deprimente en una lápida, pero
Scott sabía que no estaba aprovechando su inmenso potencial, ni
por asomo.

"Yo estaba en bancarrota emocionalmente, moralmente, y
espiritualmente", dijo él. En ese momento, tenía más que suficiente
insatisfacción y dolor para superar su resistencia al cambio. Scott
no quería sentarse nunca más en ese lugar. "Quería reinventar mi
vida por completo y ver si podía encontrar propósito, comprobar
si podía ser útil".

*¿Puedo ser útil? ¿Puedo marcar una diferencia? ¿Puede impor-
tar mi vida?* Preguntas como esas están a menudo en la puerta de
uno de los mejores combustibles a los que todos tenemos acceso:
el impacto. Sin embargo, ¿cómo se hace eso como promotor de
clubes? Es un conjunto de habilidades bastante difusa y no es el
trasfondo que uno imaginaría que posee alguien que cambia el
mundo.

Scott estaba atascado, pero sí tenía un título en fotoperio-
dismo que había conseguido a duras penas. "Era un estudiante de
calificaciones deficientes", admitió (resulta que yo no soy el único
que desperdició la universidad). Con una cámara y carisma, Scott
consiguió subirse a un barco hospital que se dirigía a Liberia, el
país más pobre del mundo. Él no tenía un plan perfecto, ni tampoco tenía una visión a diez años. Solamente sabía que la zona de
confort ya no estaba funcionando tan bien, y sentía demasiado
dolor para permanecer en el mismo lugar.

En Liberia, el transatlántico Mercy Ships, lleno de personal
médico, estableció un hospital en una cancha de fútbol con 1500
espacios para la atención médica. Cuando Scott estaba allí captando su primera experiencia, quedó perplejo al ver que acudie-
ron más de 5000 personas. "Enviamos a sus casas a 3500 personas

enfermas sin ninguna esperanza porque no teníamos médicos suficientes ni tampoco teníamos recursos suficientes. Recuerdo llorar porque más adelante supe que aquellas personas habían caminado durante más de un mes desde países vecinos solamente para que los viera un médico. Llevaban a sus hijos con ellas desde Sierra Leona, Costa de Marfil y Guinea, simplemente con la esperanza de que tal vez un médico pudiera salvar a su hijo, y no teníamos médicos suficientes".

Aquel fue el primer impacto real de Scott en África Occidental, pero no fue el último. "Cuando fui a las áreas rurales, vi a personas beber agua sucia por primera vez en mi vida. Hay que contrastar eso con la idea de que yo vendía agua de la marca VOSS por diez dólares (la botella) en nuestros clubes solamente semanas antes".

A medida que pasaron los días y la educación humanitaria de Scott continuó, destacó una estadística para él que ofrecía una posible solución a todas las dificultades. "Supe que el 50 por ciento de las enfermedades en el país estaban causadas por el agua no potable, falta de saneamiento e higiene. Fue un momento revelador".

EL TAMAÑO DEL PROBLEMA SE CONVIERTE EN TU ALIADO PORQUE SIGNIFICA QUE TU MOTIVACIÓN PARA RESOLVERLO NUNCA TE ABANDONARÁ.

Regresó rápidamente al barco y conversó con el oficial médico jefe, que había estado trabajando en esa zona por veinticinco años. "Le dije: 'La gente bebe agua que les está matando', y él me dijo: '¿Por qué no te pones a trabajar en ese problema? Yo voy a ayudar a miles de personas cada año utilizando mis manos mediante cirugías, pero tú podrías ser el mejor médico del mundo si pudieras conseguir que 700 millones de personas beban agua potable'".

Se puede interpretar un momento como ese de una de dos maneras. Es un sueño poco práctico con posibilidades insuperables, o un combustible inextinguible para el cambio. Scott escogió lo segundo.

Cuando tienes un presentimiento del impacto que puedes causar, el tamaño del problema se convierte en tu aliado porque significa que tu motivación para resolverlo nunca te abandonará.

Scott regresó a la ciudad de Nueva York con un viento nuevo en sus velas. No tenía un plan detallado para su organización sin fines de lucro, de modo que comenzó su misión con lo que tenía.

"La única idea que se me ocurrió fue organizar una fiesta en un club nocturno por mi cumpleaños. Pensé que podía conseguir un club y un bar abierto donados para mis amigos". Normalmente, no tienes que convertirte en una persona totalmente diferente para cambiar el mundo. A menudo, solo es necesario que utilices los dones que ya tienes, pero de maneras ligeramente diferentes.

Scott envió un correo que decía: "Es mi 31 cumpleaños. Ven al distrito del barrio antiguo de Nueva York, y haz un donativo de veinte dólares para entrar en el club". Esa fiesta casual fue el primer día de la organización Charity Water, y terminó recolectando 15 000 dólares en efectivo aquella noche.

Quince años después, Scott y Charity Water han recolectado 700 millones de dólares para llevar agua potable a casi 15 millones de personas en 29 países.

Eso es impacto, un combustible que no se acabará, y tú tienes exactamente el mismo acceso a él que tiene Scott.

ENCUENTRA TU ÁFRICA

Cuando escuchamos historias asombrosas como la de Scott, es difícil no pensar inmediatamente: "Yo nunca podría hacer eso". Yo tampoco. Esa fue exactamente la misma respuesta que habría dado Scott si hubieras intentado contarle la mitad de la historia cuando él estaba en el inicio de ella. Si aquel día cuando él estaba llorando en un estadio de fútbol cuando veía a padres y madres llevarse a sus hijos enfermos a sus casas, le hubieras dicho: "No te preocupes, Scott, porque vas a recolectar 700 millones de dólares y cambiar el mundo", él no te habría creído.

Habría dicho lo mismo que podrías estar pensando en este momento: "Yo nunca podría hacer eso". Él no estaba preparado para esa realidad. Lo único para lo que estaba preparado era para organizar una fiesta en un club nocturno y comprobar si lo que pensaba podría llegar a algo. Así es como comienza siempre el impacto. Es pequeño, y llega de muchas formas diferentes.

Tú no tienes que recolectar 700 millones de dólares para cambiar el mundo. Algunas veces, todo lo que tienes que hacer es enviar un mensaje de texto. Si quieres cambiar el mundo, alienta hoy a una sola persona. Yo probé esa meta intermedia por un mes. Cada día enviaba un mensaje de texto alentador a una persona. De repente, envié un mensaje que decía: "Hoy mismo estaba pensando en cuán asombrosamente creativo eres. Siempre que converso con alguien acerca de arte o innovación, ¡tú eres el ejemplo que utilizo!".

Hasta la fecha, nunca he recibido una respuesta de nadie que diga: "Me gustaría que no hubieras enviado ese texto. Fue el peor momento para decirme eso".

Normalmente responden con lo contrario. "No tienes idea de lo mucho que necesitaba esas palabras hoy. ¡Me alegró el día!".

Un texto que te cuesta sesenta segundos y treinta palabras puede alegrar el día a alguien. El impacto normalmente tiene un rendimiento de más del ciento por ciento. Recibes mucho más de lo que empleas.

Ya sea que estés peleando por agua potable para las masas, o enviando un mensaje de texto a un amigo, o algo entre esos dos extremos del espectro del impacto, si puedes ver la diferencia que está marcando tu meta, trabajarás más tiempo en ella.

Ponerte en forma impacta a tu familia. Yo corro en parte porque las endorfinas que consigo hacen que sea mucho más agradable estar conmigo para mi esposa y mis hijas.

Liquidar toda la deuda de tu tarjeta de crédito impacta a tu comunidad. Cuando la banda de tu escuela secundaria organice un evento para recolectar dinero, tendrás más dinero para donar. Un estudiante un poco difícil de segundo año al que probablemente nunca conocerás descubrirá un amor por la música que lo ayude en los años difíciles de la secundaria porque tú ayudaste a la administración a comprar una tuba.

SI PUEDES VER LA DIFERENCIA QUE ESTÁ MARCANDO TU META, TRABAJARÁS MÁS TIEMPO EN ELLA.

Comenzar un podcast impactará a alguien en un país en el que nunca has estado porque fuiste lo bastante valiente para compartir la historia acerca del divorcio de tus padres en uno de los episodios.

Cada vez que te atreves a entrar en tu potencial, causas un impacto mayor del que posiblemente puedas imaginar. Esa es una de las razones por las que el impacto es un combustible tan bueno para mantenernos dentro de la zona de potencial. Siempre está disponible y nunca se agota. Para aprovecharlo, comienza planteando esta pregunta: ¿cómo impacta al mundo este logro?

Si trabajas en el cuidado de la salud, por ejemplo, es fácil quedar abrumado por el estrés del trabajo. Las regulaciones del gobierno siempre están cambiando, se trabajan muchas horas, y las consecuencias son tremendas. Médicos, enfermeras, y administradores no pueden decir las dos frases que la mayoría de nosotros decimos cuando estamos estresados: (1) "No es cuestión de vida o muerte" y (2) "No es una cirugía cerebral". En muchos casos, trabajar en el cuidado de la salud *es* vida o muerte.

Una tarde, hice una pregunta de impacto a una sala llena de personal hospitalario abrumado: "¿Para quién están haciendo este trabajo tan difícil?".

Me quedé callado durante unos segundos hasta que una mujer levantó su mano. "Yo hago mi trabajo para el 'camino del donante'".

No estaba familiarizado con ese término, de modo que le pedí que lo explicara. Ella dijo: "Cuando alguien va a donar un órgano, lo llamamos el 'camino del donante'. Todo el personal se pone en fila a ambos lados del pasillo (las enfermeras, los médicos, el equipo de administración), y todos aplaudimos mientras lo llevan al quirófano. Por eso hago mi trabajo".

Los días en que es difícil, a veces cuando no tiene ganas de trabajar en las metas intermedias o incluso en las metas fáciles, esa mujer recuerda que su trabajo está impactando ese momento. Ella es parte del camino del donante, y el camino del donante salva vidas.

Cuando pregunto a maestros y maestras para quién hacen su difícil trabajo, siempre dicen algo que es parecido, y al mismo tiempo completamente único: "Yo hago mi trabajo por el yo que solía ser. Cuando estaba en la secundaria, mis padres atravesaron un divorcio que me dejó devastado. Mis calificaciones se desplomaron, mi actitud se resintió, mi vida se desmoronó de todas las maneras posibles, y no hubo ni un solo maestro que lo observó. Yo soy maestro para el yo que solía ser, porque voy a asegurarme de estar ahí para ese niño o niña que es como yo era".

Eso es impacto. Si alguna vez sientes que te estás quedando sin combustible, emplea unos minutos para reconectar. La vida de alguien es mejor por el trabajo que tú haces. Si no puedes encontrar un solo ejemplo de eso, podría ser el momento de que te subas a un barco que se dirige a África, o al menos le envíes a un amigo un texto alentador.

CUANDO EL TANQUE DEL IMPACTO ESTÁ TOTALMENTE VACÍO

Un amigo me llamó una tarde con un dilema en su carrera profesional. Recientemente había tenido una experiencia ordinaria que lo dejó planteándose algunas preguntas extraordinarias. No se pueden programar los momentos reveladores; tienden a aparecer según su propio horario. Este sucedió mientras él estaba pintando un estudio de ballet a cambio de unas lecciones gratis para su hija.

Durante las largas y acaloradas horas que empleó pintando el espacio, se encontró pensando: "Me gusta pintar mucho más de lo que me gusta mi empleo". Tenía un puesto estupendo en una empresa financiera en Texas, pero no podía ver el impacto de su trabajo tan claramente como el impacto de pintar ese pequeño estudio.

Durante años venideros, el estudio se vería más fresco y más acogedor debido a su trabajo aquella tarde. Eso fue un impacto. Mientras estaba sentado con ese pensamiento (como tú deberías hacer siempre cuando tengas un indicio inesperado de la zona de potencial), recordó cuánto le gustaba el lavado a presión de vehículos. Había pasado un verano empapado y feliz con sus hijos mientras servían a los vecinos con los lavados. Entonces recordó que, durante la COVID, su familia y él ganaron juntos miles de dólares limpiando rejillas de ventilación en su comunidad.

Pintar fue el primer mejor momento que captó, pero salieron a presión otros a medida que trabajaba en su lista. Cada uno de ellos implicaba trabajo manual y un impacto tangible. Me llamó con la pregunta que hemos estado planteando en todo este libro: "¿Cómo consigo más de eso?".

Su tanque estaba vacío, pero no en mal estado. No era una crisis de la mediana edad. Simplemente él observó que faltaba algo. También tú podrías observarlo cuando se trata de esta discusión sobre el combustible. Si lo haces, sigue la dirección de mi amigo y regresa a tu lista de mejores momentos, o comienza a crear una nueva. Mira tus logros (impacto), tus experiencias (destreza), tus relaciones (comunidad), y tus objetos (historias).

Nunca tienes que estar limitado por tu pasado. Por el contrario, puedes ser hecho libre por tu pasado, especialmente cuando te ayuda a incluir más y mejores momentos en tu presente y tu futuro.

Si alguna vez sientes que el tanque está vacío, no te preocupes. Conoces a la mejor persona para volver a llenarlo.

Tú mismo.

12

SÉ HÁBIL SIN NINGÚN BRILLO

Brendan Leonard nunca ganará la maratón de la Ciudad de Nueva York. No es por no intentarlo. A pesar del título de su libro, *Odio correr y tú también puedes*, es un corredor dedicado que corre más que maratones. Un año, por ejemplo, corrió la distancia de una maratón cada semana. No estoy diciendo que corrió un total de cuarenta kilómetros cada semana. Digo que hizo una carrera de cuarenta kilómetros cada semana, o el equivalente de 52 maratones, en un año.

Sin embargo, él no ganará la maratón de la Ciudad de Nueva York, y tú tampoco. Él está cómodo con eso porque no es ese el punto de su esfuerzo. "Nunca te encontrarás diciéndoles a tus nietos: 'Obtuve el lugar 33 789 ese año, pero si un par de cosas hubieran sido distintas para mí, habría obtenido el puesto 32 372'", dice él. Y, cuando les dices a tus compañeros de trabajo que corriste la maratón de la Ciudad de Nueva York, ninguno de ellos preguntará: "¿Y ganaste?".[1]

Brendan corre por la alegría y la satisfacción de correr. Corre por el desafío. Corre para competir contra la versión de sí mismo que no pensaba que podría lograrlo. Corre para mejorar en la destreza de la actividad, lo cual es un combustible que es tan motivador como el impacto.

George Mallory, el afamado montañero, resumió mejor la destreza cuando un reportero del *New York Times* le preguntó por qué quería escalar el Monte Everest: "Porque está ahí".

Ya sea que ganes o pierdas, ya sea que llegues a ver el impacto, o si alguien llega a saber que hiciste lo que estás haciendo, seguirás haciéndolo porque la alegría de mejorar te impulsa. Yo pregunté a miles de personas lo que hacen, simplemente por la alegría de hacerlo, y las respuestas revelaron de cuántas maneras distintas se puede interpretar la palabra "destreza".

Keith Eastman, gerente de mercadotecnia en una empresa de fabricación de casas rodantes en Boise, Idaho, nunca abrirá un restaurante, pero ese no es el motivo por el que cocina. "Realmente disfruto al incorporar una nueva herramienta y mejorar en su uso para lograr una máxima calidad en el resultado". Le gustan los aparatos, le gustan las recetas, y le gusta el reto de los ingredientes nuevos. Le encanta cocinar porque ama la destreza.

Alex Ferrero, consejero de ventas en Nashville, nunca tendrá un imperio de las gallinas, pero si le preguntas por qué le encantan las gallinas, te dará rápidamente una respuesta: "Ayuda a alimentar a nuestra familia, enseña a nuestros hijos cuidado y responsabilidad, y es relajante". Puedes comprar huevos en cualquier lugar, pero un huevo de tu propia gallina es algo totalmente diferente. Es una destreza.

Chris Sherry, mamá que no trabaja fuera de casa, de Port Orchard, Washington, no va a vender lo que teje, pero podría hacerlo. "Todos me dicen siempre que debería vender mis trabajos, pero a mí simplemente me gusta aprender a hacer un patrón o un punto nuevo, ¡y después regalar esa pieza a alguien que amo!". Es su destreza, no su carrera profesional.

Joelle Sprott Yates, antes maestra de escuela primaria en Tyler, Texas, nunca tocará el piano en el Carnegie Hall; sin embargo, no toca por eso. Ella dijo que ama "aprender una pieza difícil tan solo por la satisfacción de lograrlo". Ese es el corazón de lo que implica una buena destreza: satisfacción en el esfuerzo, no solo en los resultados.

Julie Chenoweth Terstriep, granjera en el oeste de Illinois, indudablemente nunca hará de su destreza un trabajo. "Me encanta limpiar las lápidas militares en los cementerios. Intento encontrar más información acerca de la persona que sirvió y de su historia familiar. Para mí, es un modo de decirles: 'Gracias por su servicio'". La familia del fallecido podría no saberlo nunca. El veterano caído no lo sabe. Pero Julie lo sabe, y eso basta.

Una de las mejores partes de tener una destreza que practicas por la satisfacción de hacerla, es que no tiene que haber una conclusión natural. Esa es la definición misma de un combustible de largo plazo. Nunca "llegas" porque siempre hay nuevos niveles que alcanzar.

Ashley Varland, vicepresidenta asistente de operaciones de seguros, lo explicó perfectamente: "Ahora estoy trabajando en mi Maestría, la cual planeo terminar, pero nunca dejaré de acceder a un recurso y probar mi conocimiento. No lo hago por las letras que seguirán a mi nombre. ¡Disfruto genuinamente el aprender!".

Tú podrías alcanzar algo tangible dedicándote a tu destreza. Alex enseña a sus hijos responsabilidad con las gallinas. Chris podría vender sus piezas tejidas algún día. Ashley está sacando su Maestría. La diferencia es que los resultados son una consecuencia de tu acción, y no su causa. Es un beneficio, pero no es el motivo por el cual lo haces.

NUNCA "LLEGAS" PORQUE SIEMPRE HAY NUEVOS NIVELES QUE ALCANZAR.

En un entorno empresarial, eso a menudo se denomina "compromiso". Los empleados permanecen en empresas por menos dinero, más tiempo de viajes, y títulos menores porque creen en el trabajo. Si tienen una destreza que les encanta hacer y, todavía mejor, pueden vincularla al impacto real que su trabajo está causando en el mundo, se quedarán por décadas en un equipo. Por otra parte, si no pueden ver una destreza en su trabajo, rápidamente se aburrirán, se desconectarán, y en algunos casos se sentirán amargados por el trabajo. Otra empresa que les ofrezca un dólar más de lo que ganan en el presente, puede atraerlos para que dejen la empresa.

El error que cometemos a menudo con la destreza es confundirla con un pasatiempo o una actividad que nos resulta satisfactorio por naturaleza. Puede ser ambas cosas, pero el verdadero poder del combustible es que puedes convertir en una destreza cualquier cosa que hagas.

En su libro *Fluir: Una Psicología de la felicidad*, el profesor Mihaly Csikszentmihalyi cuenta la historia de Rico, un obrero de línea de ensamblaje en una empresa de equipos audiovisuales. Su única tarea era inspeccionar cámaras de cine para comprobar la calidad cuatrocientas veces al día. Csikszentmihalyi escribe: "Aunque tenía que hacer el mismo tipo de tarea aburrida que todos los demás, él se había entrenado para hacerlo con la clase y la elegancia de un virtuoso".[2]

La empresa daba a Rico cuarenta y tres segundos para comprobar cada pieza del equipo, pero ¿adivinas lo que hizo él? Lo convirtió en un juego. Pasó años puliendo el proceso con diferentes herramientas y acciones hasta que fue capaz de inspeccionar cada cámara en veintiocho segundos. No obtuvo una recompensa extrínseca. El resto de la línea de ensamblaje se movía a la misma velocidad de siempre, y sus compañeros de trabajo probablemente pensaran que él era un poco extraño, pero a Rico no le importaba. "Es mejor que cualquier otra cosa", dijo él, "mucho mejor que ver televisión".[3]

Rico convirtió su trabajo en una destreza. No estaba pasando años en una línea de ensamblaje; estaba pasando años en su zona de potencial. "Y, debido a que sentía que se estaba acercando a su límite en el trabajo actual, tomaba cursos nocturnos para obtener un diploma que abriría para él nuevas opciones en la ingeniería electrónica".[4] ¿Por qué enfocó Rico su trabajo de ese modo? Por el mismo motivo que Mallory escaló el Everest. Porque estaba ahí.

Puede que tú nunca trabajes en una fábrica como Rico; sin embargo, si quieres ser bueno en algo que *quieres* hacer o disfrutar de algo que *tienes que* hacer, el camino es el mismo: convertirlo en una destreza.

Para convertir una tarea en una destreza, plantéate preguntas como las siguientes:

¿Puedo hacerlo mejor?

¿Puedo hacerlo más rápido?

¿Puedo hacerlo más satisfactorio?

¿Puedo hacerlo en menos pasos?

¿Puedo crear algo nuevo si añado o quito una parte?

¿Puedo medir y rastrear mi desempeño?

Mientras más preguntas hagas, más respuestas encontrarás al convertir una acción de corto plazo en una destreza de largo plazo.

CUANDO TE ARREBATAN TU DESTREZA

Compartí la idea de la destreza como combustible con un pequeño equipo de líderes en Dallas, Texas, cuando estaba escribiendo este libro. Puedes saber al instante si una idea está funcionando basándote en cómo reaccionan a ella las personas. Si asienten con educación durante la presentación o, peor aún, miran sus teléfonos, es que no está funcionando. Si esperan mientras tú cierras tu

SI QUIERES SER BUENO EN

ALGO QUE *QUIERES* HACER

O DISFRUTAR DE ALGO QUE

TIENES QUE HACER, EL CAMINO

ES EL MISMO: CONVERTIRLO

EN UNA DESTREZA.

computadora y después te siguen hasta tu auto para hacerte más preguntas, podrías estar logrando algo. Y eso fue exactamente lo que hizo un ejecutivo aquella tarde.

"Esto tiene mucho sentido para mí —dijo—. He estado frustrado en el trabajo porque me arrebataron mi destreza". Yo no había considerado que se podía perder una destreza, y le pedí que explicara esa idea.

"Me ascendieron —continuó—, lo cual es estupendo, pero con el nuevo rol ya no puedo hacer las cosas que más me gustan en mi trabajo". Entonces entendí lo que quería decir, porque había visto eso mismo en cada empresa para la que trabajé.

En Atlanta, trabajé con una diseñadora gráfica que era estupenda a la hora de crear hermosos sitios web que balanceaban perfectamente forma y función. Le gustaban los píxeles como a Picasso le gustaba pintar. Disfrutaba de ensuciarse las manos cada día, poniéndose un par de auriculares inmensos y matando horas con Photoshop y con Illustrator. Esa era su destreza.

Se le daba tan bien el diseño, que le ascendieron a directora creativa. Eso significaba que ella ya no tenía que diseñar, sino que, en cambio, era gerente de los diseñadores. Su recompensa por ser tan buena en su destreza fue que ya no tenía que seguir practicándola. Eso le dejó frustrada porque la gerencia superior esencialmente decía: "¿Sabes lo que más te gusta? Pues ya no tienes que seguir haciendo eso, y tienes que observar cómo lo hacen otras personas".

Tony Romo no se unió a la mesa de anuncios en mitad de su carrera profesional. Eso habría sido una tortura para él, igual que lo fue para mi amiga. Su carrera de diseño no había terminado; se la arrebataron.

Ella era también la peor en microgestión. No podía evitar rediseñar el trabajo de todos sus subordinados porque, en primer lugar, extrañaba hacerlo ella misma. Sus colegas aborrecían mostrarle sus proyectos porque sabían que ella lo cambiaría todo.

No tienes que trabajar en una organización grande para experimentar este problema. Yo lucho con él cada día en mi pequeña empresa propia.

He dirigido mi propio negocio al menos por diez años. Escribir es mi destreza. Crear ideas y después compartirlas en conferencias, libros, podcasts y redes sociales es lo que más me gusta hacer. También es lo que intento arruinar con bastante regularidad. No tengo intención de hacerlo, pero cuando converso con otros dueños de negocios y me preguntan cuánto equipo de personal tengo, me causa bochorno. Quiero decir que son cien. Quiero decir que tenemos un edificio hermoso en una parte popular de Nashville. Quiero decir que organizamos una fiesta de Navidad inmensa en la oficina en la que regalo un televisor a cada uno y se toman fotografías con renos que he contratado, dondequiera que se contraten los renos.

Supongo que debo escalar y tener más personal, pero cada vez que lo intento, me encuentro perdiendo acceso a la destreza. Mi tiempo para escribir desaparece en la arremetida de reuniones, personas, y proyectos. Pasados tres meses, levanto la mirada y me pregunto: "¿Por qué me siento tan frustrado ahora?". Entonces entiendo que dejé de hacer lo que más me gusta cuando se trata de mi juego de carrera profesional.

Tengo un amigo cuya destreza es desarrollar negocios. Cuando hice un recorrido por su oficina en Las Vegas, tenía cuatro empresas diferentes produciendo en masa productos y servicios. Le encanta contratar personas y dirigirlas. Por el contrario, aborrece escribir libros. Si pasara algunas horas cada día escribiendo, se sentiría desgraciado. Yo soy todo lo contrario.

Si la destreza es el combustible que te mueve y te sientes desconectado de alguna parte de tu vida, asegúrate de no haber dejado de hacer lo que más importa para ti. Estas dos últimas palabras son las más importantes de toda esta página: PARA TI.

Asegúrate de que tu destreza encaja con quién eres tú, y asegúrate también de que tu calendario refleje a qué le estás dando tiempo. Si no lo muestra, no te preocupes, ya que puedes solucionar eso rápidamente. Tan solo vuelve a leer el capítulo 9 y roba esos primeros quince minutos.

13

ENCUENTRA A TU GENTE, ENCUENTRA TU POTENCIAL

No quiero correr la mayoría de las mañanas del sábado a las 6:50 de la mañana.

Tras una semana muy llena, salir a la carretera para correr siete kilómetros el primer día que puedo dormir, no parece divertido.

La primavera es demasiado lluviosa para correr.

El verano es demasiado caluroso para correr.

El otoño es demasiado oscuro para correr.

El invierno es demasiado frío para correr.

Yo soy una máquina de presentar excusas los sábados en la mañana, pero aun así me sigo levantando. No es la determinación, la disciplina, o la fuerza de voluntad lo que me motiva. Esos tres amigos me decepcionan constantemente. Lo que me hace salir por la puerta es mi grupo de carreras.

Sé que a las 6:50 de la mañana Rob Sentell estará sentado en el sendero de entrada de mi casa. Sé que a las 7:00 vamos a recoger juntos a Kevin Queen. Sé que a las 7:05 los tres nos encontraremos con Justin Johnson en el estacionamiento de YMCA para dirigirnos al sendero del río. Sé que a las 8:35 entraré apresuradamente por la puerta frontal de mi casa, muy contento por haber corrido una carrera que no quería correr inicialmente.

La comunidad te llamará de regreso a la zona de potencial cuando el confort y el caos intenten distraerte, y yo tengo más de eso en mi vida en este momento de lo que he tenido nunca.

Cada dos miércoles me reúno con William, un compañero que me está ayudando con una gran meta. Las noches de los miércoles, Jenny y yo salimos a cenar fuera con otras tres parejas que tienen hijos de la misma edad que las nuestras. Cada dos viernes me reúno con un grupo pequeño de papás de mi barrio que están en la misma etapa de la vida que yo. La mayoría de los sábados en la mañana salgo a correr con los Ginkgo Eagles (ese es el nombre de nuestro grupo de carreras. Tenemos camisetas. Es algo importante). Dos veces al mes, Jenny y yo nos reunimos con un grupo pequeño de ocho parejas en nuestro barrio a los que hemos conocido por décadas. Una vez por semana salgo a dar un paseo con mis buenos amigos Nate o Ben. A lo largo de la semana también tengo reuniones con mi equipo, clientes, y posibles candidatos, y visito a un *coach* de desempeño cada seis semanas.

No siempre fue así. El primer año que comencé mi negocio le di al aislamiento la vieja oportunidad que le di a la universidad. Me encerraba en la oficina de mi casa, consideraba las conversaciones de treinta segundos con mi secadora como interacción significativa, y respondía a los mensajes de texto a la velocidad de nunca. Me gustaría que hubiera un emoticono para expresar: "vi tu texto, pero no sabía cómo responderlo perfectamente, de modo que esperé hasta saber exactamente qué decir, pero han pasado ya tres semanas y siento microrráfagas de vergüenza cada vez que veo tu nombre en el cementerio de elefantes de mensajes en mi teléfono".

Probé el aislamiento como estrategia de vida durante todo un año, y he venido a decirte algo que tal vez ya has averiguado: no funciona. Probablemente sabías eso ya, pero quizá —por última vez en este libro— te recordaré que soy una persona de floración tardía, incluso cuando se trata del valor de la comunidad.

Una tarde tuve un pensamiento mientras iba manejando por Chattanooga, Tennessee. Es una buena ciudad para pensar un poco, porque la autopista fue diseñada por alguien que aparentemente aborrece a los humanos y le encantan los atascos. El paso principal por Chattanooga está en un peligroso paso montañoso que incluye una curva de casi noventa grados. Yo nunca he manejado rápidamente por Chattanooga en toda mi vida.

LA COMUNIDAD TE LLAMARÁ DE REGRESO A LA ZONA DE POTENCIAL CUANDO EL CONFORT Y EL CAOS INTENTEN DISTRAERTE.

Mientras estaba allí sentado, miré a mi alrededor a otras personas que estaban en otros autos y me di cuenta de que solo es necesaria una persona para manejar un auto por la autopista. No se necesita un equipo para eso. Un solo hombre o una mujer pueden manejar un Honda Civic por la autopista a ochenta kilómetros por hora.

Sin embargo, si quieres manejar un auto de Fórmula 1 a 250 kilómetros por hora en carreras en Dubái, si quieres tomar las curvas en las calles costeras de Mónaco a más de 100 kilómetros por hora en un vehículo de doce millones de dólares, se necesitan hasta 1200 personas. No todas están en el asiento del conductor, pero si en algún momento ves una carrera de Fórmula 1, te sorprenderá cuántas personas se necesitan para situar ese vehículo en la pista en condiciones óptimas.

Cuando finalmente llegué a mi casa en Nashville, había tomado una decisión. Quería ser un auto de Fórmula 1 y no un Honda Civic. Quería ir más lejos y más rápido de lo que nunca antes había ido. Cuando has alcanzado algunas metas intermedias, siempre quieres sentirte de ese modo. Has tenido una probada de lo que es posible, y no quieres regresar a la zona de confort o a la zona de caos. Si yo quería mantenerme en la zona de potencial, iba a necesitar a muchas personas.

Debido a que las categorías me ayudan a simplificar ideas complicadas, decidí categorizar las relaciones que me inspiran en cinco grupos:

1.   Familia.

2.   Clientes.

3.   Compañeros.

4.   Coaches.

5.   Círculo íntimo.

Así es como las defino:

FAMILIA = INMEDIATA Y EXTENDIDA.

Esta es la categoría más fácil de definir. Tu familia está compuesta por tu familia inmediata y extendida. La familia inmediata la componen tu cónyuge, u otra persona importante, y tus hijos. La familia extendida es tu mamá, tu papá, tus hermanos, primos, abuelos, etc. Yo tengo dos hijas, una esposa, un padre y una madre, dos hermanos, y una hermana. También tengo suegros, primos, tíos, tías, sobrinas, y sobrinos.

CLIENTES = CUALQUIERA A QUIEN SIRVE TU TRABAJO.

No tienes que ser dueño de un negocio para tener clientes. Si te ofreces como voluntario en un banco de alimentos, tienes clientes. Si vendes seguros, tienes clientes. Si un vecino te pide consejo acerca de un conflicto con otro vecino, tienes clientes. Si eres maestro de tercer grado, tienes a veinticinco clientes bajitos cada día de la semana.

Si tienes un podcast, tienes clientes. Si escribes un libro, tienes clientes (¡gracias por ser uno de los míos!). Si tus esfuerzos ayudan a alguien, tienes un cliente.

COMPAÑEROS = PERSONAS QUE SE IMPONEN AL MENOS EN UN JUEGO.

Un compañero o un igual es alguien con quien compartes al menos uno de los cinco juegos (carrera profesional, finanzas, relaciones, salud y diversión). Tal vez están en la misma carrera profesional o en la misma etapa de la vida relacional. Quizá los dos tienen hijos pequeños o comparten un pasatiempo divertido, como animar al mismo equipo universitario. Podrían compartir varios juegos, pero siempre hay al menos una conexión con un compañero.

Mientras más envejecemos, menos tiempo querremos emplear con personas con las que no compartimos nada. Por eso, en una amistad entre dos parejas casadas, es un milagro cuando los cuatro cónyuges verdaderamente se caen bien. Siempre se produce ese escenario extraño en el que uno de los cónyuges tiene un mejor amigo que está casado con alguien que su pareja solamente tolera para hacerle feliz. El momento realmente asombroso es cuando los cónyuges se llevan bien todos ellos y sus hijos también se llevan bien. Siempre es decepcionante cuando descubres que una pareja que aprecias está criando hijos maleducados y que tus hijos se vuelven maleducados cada vez que están con ellos.

Se podría usar el término "amigos" para esta categoría, en cambio, yo prefiero decir "compañeros".

COACHES = UNA PERSONA SABIA QUE TIENE DIEZ O MÁS AÑOS QUE TÚ, YA SEA EN EDAD O EN EXPERIENCIA.

En palabras sencillas, un *coach* es alguien que está más adelantado en el camino que tú. Tal vez lleva casado veinte años y tú solamente diez. Quizá ha trabajado en tu industria por treinta años y tú acabas de comenzar. Puede que sea más joven que en edad, pero que tenga más experiencia en una destreza. Chris Zimmerman, quien me ayudó con mi canal de YouTube, tiene doce años menos que yo, pero lleva diez años creando canales de YouTube, de modo que es un *coach* para mí.

La palabra *sabio* es importante aquí, porque un *coach* necesita haber logrado algo que tú quieres emular en tu propia vida. Necesitas ser capaz de mirar a esa persona y pensar: "Yo también quiero eso para mi vida". Esto no es difícil de detectar, porque el fruto habla muy alto. El fruto de sus decisiones generará una paz tangible, paciencia y excelencia, o generará caos, prisa e incompetencia.

CÍRCULO ÍNTIMO = PERSONAS QUE TE CONOCEN EN TU PEOR VERSIÓN Y SIGUEN PENSANDO QUE ERES EL MEJOR.

Este es el círculo más pequeño de todos. Hay solamente un puñado de individuos en esta categoría para la mayoría de las personas, yo mismo incluido. Lo constituye alguien que conoce toda tu historia y sigue pensando que eres bastante bárbaro. Es la primera persona a la que llamas cuando sucede algo extraordinario o algo terrible. En términos de los cantantes de rap, porque me gustaría destacar que utilicé la palabra *bárbaro*, este es tu "contigo hasta la muerte".

Estas son las cinco categorías de la comunidad. Cuando las estaba describiendo, ¿pensaste inmediatamente en alguien? ¿Apareció en tu cabeza el nombre de alguien? Bien, porque ya tienes una ventaja para identificar a tu comunidad.

Si la comunidad es un combustible que te motiva, es importante que seas intencional al respecto. ¿Puedes pensar en los nombres de tres a cinco personas que estén en cada una de esas categorías?

La familia será fácil. Yo escribiría los nombres de Jenny, L.E., McRae, mis hermanos, mi hermana, mis padres y mis suegros. Crear una lista de clientes será fácil también. Simplemente haz una lista de las cinco últimas personas a las que ayudaste.

La de compañeros podría ser un poco más desafiante, pero creo que te sorprenderá cuán fácil se vuelve cuando comienzas. En una ocasión le dije a uno de mis *coaches* que no tenía muchos compañeros, y él comenzó a decirme nombres de personas que yo había mencionado durante el año anterior. Me fui a casa después de esa conversación, pasé unos quince minutos con mi cuaderno, y anoté los nombres de dieciocho personas diferentes que vinieron a mi mente. Una cosa que ayudó fue revisar mi lista de contactos en mi teléfono.

La categoría de *coaches* requerirá que pienses un poco en el futuro. No te limites a *coaches* con los que pasas tiempo actualmente; escribe también algunos con los que te gustaría pasar más tiempo. En este momento yo me reúno con Carey Nieuwhof una vez al mes mediante una llamada telefónica de treinta minutos. Él es diez años mayor que yo en matrimonio, edad, y escribir podcast. Es alguien de quien puedo aprender mucho en muchos niveles diferentes. David Thomas, a quien mencioné en mi libro *Piensa mejor sin pensar demasiado*, es un *coach* con quien me gustaría pasar más tiempo. Hemos tomado un café solamente en una ocasión, pero si has leído mi libro, recordarás que realmente me impactó. No sé cómo hacer que eso suceda, porque David tiene un horario muy ocupado, pero añadiría su nombre a mi lista.

La última categoría, la del círculo íntimo, es en algunos aspectos la más fácil de detectar y la más difícil de crear. Es la más fácil de detectar porque indudablemente sabes a quién llamarías si sucediera algo extraordinario o algo terrible. Es la más difícil de crear porque requiere mucho esfuerzo.

Indudablemente habrá superposiciones, y algunas personas encajarán en varias categorías, de modo que no te quedes atascado en eso. Por ejemplo, mi amigo Stephen Brewster está en mi círculo íntimo, es un compañero, y es un *coach*. Podría incluirlo en cualquiera de esas categorías, pero para los propósitos de este ejercicio lo pondría en la más profunda: el círculo íntimo.

Si catalogar tus relaciones te parece un poco radical, estoy de acuerdo, pero el mundo está construido actualmente para mantenerte aislado, de modo que se requiere una respuesta radical. Este aislamiento comenzó en la década de los sesenta cuando los televisores comenzaron a ofrecer algo más que tres canales. Paul Graham destaca el gran cambio que eso representó para la comunidad: "Es difícil imaginarlo ahora, pero cada noche diez millones de familias se sentaban juntas delante de su televisor viendo el mismo programa, a la misma hora que los vecinos de al lado. Lo que sucede ahora con el Súper Tazón solía suceder cada noche. Estábamos literalmente en sincronía".[1]

La sensación de separación solamente ha aumentado a medida que hemos sacrificado la comunidad sobre el altar de la comodidad. Servicios como Door-Dash y Uber Eats son extraordinarios, pero efectivamente eliminan nuestra capacidad de ser conocidos por alguien en nuestro restaurante local. Ese fue el cebo de la banda sonora de la serie *Cheers*: "A veces, quieres ir donde todo el mundo conoce tu nombre".

El día en que escribí esto, comencé la mañana en mi cafetería local. La camarera agarró una taza y comenzó a preparar mi pedido antes incluso de que llegara al mostrador. Le pregunté cuántos años tenía su hijo porque no lo había visto durante un tiempo en la cafetería. No fue una interacción larga y significativa, pero los dos nos alejamos con la sensación de que otra persona en este planeta nos había visto. Si hubiera hecho el pedido con mi teléfono habría recibido mi café más rápidamente, pero yo sería el pedido número 3455 en el sistema, y no "Jon, el hombre que siempre pide lo mismo cada viernes en la mañana".

HEMOS SACRIFICADO LA COMUNIDAD SOBRE EL ALTAR DE LA COMODIDAD.

Netflix mató a Blockbuster, pero también eliminó las recomendaciones de cine de un empleado que a menudo era un cinéfilo.

La pandemia mató los viajes al trabajo, pero también eliminó almuerzos no planeados con compañeros de trabajo y pequeñas interacciones que fortalecen a los equipos.

Las entregas del supermercado mataron el ajetreo de recorrer los pasillos, pero también eliminaron la interacción de sesenta segundos con Pedro, el jubilado de ochenta años que decidió trabajar ayudando con las bolsas.

Peloton, el gran fabricante de bicicletas estáticas, mató la incomodidad de asistir a una clase de spinning con un tiempo de inicio fijado y espacio limitado; pero también eliminó la posibilidad de ofrecerle un batido a Ana, la joven mamá que también está intentando en este momento criar hijos pequeños.

LA COMUNIDAD ACCIDENTAL HA TERMINADO. EL FUTURO ES INTENCIONAL.

Zoom mató las reuniones en persona, pero también mató las conversaciones de diez minutos para ponerse al día que se producían antes y después de las reuniones reales, lo cual edificaba verdaderas relaciones de trabajo. Nadie se reúne después de que termina una reunión por Zoom. Yo estoy totalmente enfocado en intentar convencer a mi cerebro para que no haga el gesto de despedida con la mano al final de la reunión por Zoom, como si fuera Forrest Gump en una barca de camarones.

Está comenzando a parecer que añoro los tiempos pasados, pero te prometo que estoy a favor de la tecnología. Según mi app de Tiempo de Pantalla, uso mi iPhone un promedio de 6 horas y 58 minutos cada día. Disfruto de la comodidad de la tecnología, pero tengo que admitir que conlleva un costo.

No había que trabajar tan duro para construir comunidad hace veinte años atrás porque la vida la proporcionaba de modo natural. Te encontrabas con los vecinos en el supermercado. Te relacionabas con una decena de compañeros de trabajo en el tiempo de receso. Conocías al gerente de tu restaurante local porque ibas allí al menos varias veces al año para una comida prolongada con tu familia. Veías a las mismas personas en la clase de gimnasia, y si te perdías algunas clases, ellos incluso podrían ponerse en contacto contigo.

Pero la comunidad accidental ha terminado. El futuro es intencional. Simplemente no nos hemos dado cuenta todavía.

En el año 2000, el famoso experto en liderazgo Peter Drucker, hizo una predicción que es más cierta cada día:

> Dentro de unos cientos de años, cuando la historia de nuestro tiempo será escrita desde una perspectiva a largo plazo, es probable que los eventos más importantes que verán los historiadores no serán la tecnología, ni el internet, ni el comercio electrónico. Es un cambio sin

precedente en la condición humana. Por primera vez (literalmente) números de personas sustanciales y cada vez más crecientes tienen decisión. Por primera vez, tendrán que administrarse a sí mismos. Y la sociedad no está en absoluto preparada para eso.[2]

La tecnología nos ofrece la opción de aislarnos o congregarnos. Nunca antes hemos tenido que manejar esa decisión como lo hacemos actualmente.

Si te sientes aislado, toma una decisión diferente.

Si te sientes desconectado, toma una decisión diferente.

Si sientes que has llegado al límite de tus habilidades y necesitas un par de ojos nuevos que miren lo que estás haciendo, toma una decisión diferente.

Invierte en la comunidad, especialmente si tu lista de mejores momentos te enseñó que tus relaciones son importantes para ti.

14

POSEE MÁS HISTORIAS Y MENOS OBJETOS

Cuando repasaste tu lista de mejores momentos, ¿estaba llena de objetos? Tengo una esperanza: no.

Apuesto a que cuando categorizaste tu lista, los objetos eran una de las más pequeñas de las cuatro categorías. ¿Cómo lo sé? Porque eso es lo que le sucede a todo el mundo.

Denis Cockerham tenía solamente dos objetos en toda su lista.

Joyce Erns dijo: "La de objetos era mi categoría más pequeña". Había solamente 33 objetos en su lista de 183 puntos.

Brooke T. tenía 26 objetos en una lista inmensa de 350 puntos, lo cual significa que solo el 7 por ciento de sus mejores momentos estaba enfocado en objetos.

Había solamente quince objetos en mi lista. Me sorprendió que a muy pocas personas les importaban realmente los objetos, porque la publicidad nos dice precisamente lo contrario. La mercadotecnia actual se afirma sobre la base de convencernos de que todavía no poseemos los objetos adecuados. Los anunciantes nos dicen: "En cuanto tengas este objeto nuevo te sentirás completo, especial y diferente. Adquirir ese objeto tan rápidamente como puedas debería ser tu meta. Es el único combustible que deberías usar para motivar tu vida".

Sin embargo, cuando reflexionamos en los mejores momentos de nuestra vida, en raras ocasiones pensamos en los objetos.

Los objetos que trabajamos para adquirir no nos dan la vida que deseamos. Es cierto. Yo no voy a discutir por el minimalismo. Me encanta mi auto, mis conjuntos de LEGO, mi computadora, mis libros, y muchos otros objetos. Estoy a favor de los objetos. Sin embargo, si queremos utilizar un objeto como combustible, es importante trazar la línea entre el objeto correcto y el objeto equivocado.

La diferencia es sencilla.

El objeto correcto es una historia.

El objeto equivocado es simplemente un objeto.

Siempre hay una historia en un objeto correcto. Cuando miré mi lista de mejores deseos, no había ni un solo objeto en ella "únicamente porque sí". Cada uno era importante y significativo.

Mira los objetos que añadiste, y apuesto a que descubrirás que eso mismo es cierto en tu caso. Si tú y yo nos tomáramos un café y te preguntara: "¿Por qué incluiste ese objeto en tu lista de mejores momentos?", estoy seguro de que responderías algo como esto: "Mi papá me regaló este reloj. Su padre tenía uno, y cuando yo cumplí dieciocho años sintió que yo también debía tener uno". O dirías: "Compré esta cartera porque me prometí a mí mismo que, cuando alcanzara mi objetivo de ventas en el trabajo, tendría una recompensa". O tal vez dirías: "Tenía uno cuando era niño y siempre quise volver a tener otro cuando fuera adulto. Sé que es una tontería emocionarme por una caja de tarjetas de béisbol cuando tienes cincuenta años, pero yo me emociono".

SIEMPRE HAY UNA HISTORIA EN UN OBJETO CORRECTO.

Los detalles podrían ser diferentes, pero podrías contarme la historia que hay detrás de ese objeto; y no sería solamente una historia. En realidad, hay cinco historias principales que contamos cuando conversamos acerca de objetos. Cada una de ellas está conectada con el modo en que el objeto nos hace sentir.

Historia 1: Este objeto hace que me sienta joven.

Historia 2: Este objeto hace que me sienta exitoso.

Historia 3: Este objeto hace que me sienta inspirado.

Historia 4: Este objeto hace que me sienta popular.

Historia 5: Este objeto hace que me sienta conectado.

Probablemente ya estarás sonriendo, porque repasar tu lista de objetos hizo que te sintieras de una de esas maneras. Sin embargo, vamos a desglosar las historias para poder usarlas realmente como combustible.

HISTORIA 1: ESTE OBJETO HACE QUE ME SIENTA JOVEN.

Había tres objetos en mi lista que hacían que me sintiera joven:

1.   El conjunto de LEGO del Porsche 911 GT3 RS
2.   La navaja marca Benchmade
3.   El paquete de 64 crayones marca Crayola

Todos ellos me hacen sentir como un niño otra vez. Cualquier objeto que te haga rememorar la niñez que tuviste o (esto es importante) la niñez que *te gustaría* haber tenido, encaja en esta categoría.

¿Por qué volvieron a estar en demanda las cangureras? ¿Por qué se volvió tan popular la serie *Stranger Things*? ¿Por qué la película *Top Gun: Maverick* se convirtió en la primera película de Tom Cruise de mil millones de dólares? Porque todos ellos capturaban la nostalgia. Cada objeto se ganó a una nueva generación, pero también recordó la niñez a una generación más antigua. Cada vez que mi hija escucha una canción de los años ochenta y dice "es de *Stranger Things*", yo pienso: "No, es de mi niñez".

Al pensar en un combustible que te ayudará con tus metas intermedias, plantéate esta pregunta: "¿Hay algún objeto en mi lista que hace que me sienta joven?".

HISTORIA 2: ESTE OBJETO HACE QUE ME SIENTA EXITOSO.

¿Sabes por qué me compré un par de esquís? Porque hacían que me sintiera exitoso. Cuando era joven, no teníamos mucho dinero. No éramos pobres de ninguna manera, y no quiero dramatizar demasiado mi niñez, pero mi papá era pastor y mi mamá era higienista dental, de modo que no había mucho dinero en efectivo para algo tan frívolo como viajes para ir a esquiar.

Recuerdo estar una vez en un aeropuerto cuando estaba en tercer grado y ver a una familia que iba al oeste, a una estación de esquí. Iban cubiertos por ropa neón para esquiar y parecía que estaban a punto de emprender una aventura. Me dije a mí mismo: "Algún día seré lo bastante exitoso para poder comprarme un par de esquís". La cajera adolescente que finalmente me los vendió en la tienda Sun-n-Ski, pensó que era solamente otra transacción, pero para mí fue la sensación de poder cruzar una línea de meta que me tomó treinta años cruzar.

Del mismo modo que algunas relaciones pueden encajar en más de una categoría, la mayoría de los objetos cuentan más de una historia. Por ejemplo, el conjunto de LEGO del Porsche 911 GT3 RS me hace sentir joven, pero también me hace sentir exitoso. Costó 400 dólares. No podría haberlo comprado cuando era un niño. Ni siquiera había visto esa cantidad de dinero junta, y mucho menos tenerla para poder comprar un auto de juguete. Pero, como adulto, tener la capacidad de gastar ese dinero en algo como un LEGO me hace sentir exitoso. Por eso me compré también una patineta. Tienes la sensación de chocar la mano a la versión de ocho años de edad de ti mismo cuando puedes comprar las cosas que siempre quisiste tener.

Esa es una de las razones por las que se necesita valentía para hablar de objetos que te gustan, porque alguien seguro que dirá: "Yo nunca me gastaría 400 dólares en un LEGO. Qué desperdicio de dinero". Pero dejemos eso a un lado. Es tu lista de mejores momentos, y no la de otra persona. Yo nunca me gastaría mil dólares en una cartera o 125 000 dólares en un auto, pero si esos son objetos que mueven tu mundo, adelante.

HISTORIA 3: ESTE OBJETO HACE QUE ME SIENTA INSPIRADO.

Hay algunos objetos que posees porque cada vez que los miras te sientes inspirado, creativo y esperanzado. Podrías tener un pequeño cuadro en una pared de tu casa que te hace sentir así. Si eres ciclista, tal vez tu bicicleta tiene ese efecto para ti. Es delgada y agresiva, sin una línea desperdiciada. Cada vez que la miras, quieres ir más rápido. Solamente pasar por su lado en el garaje de tu casa de camino al interior te da una pequeña subida de dopamina.

El objeto podría inspirarte al recordarte cuán grande y hermoso es el mundo. Por eso la gente colecciona caracolas marinas. Por eso yo tengo un frasco de bellotas. No me hacen sentir joven ni exitoso; hacen que me sienta inspirado. Como escribí en el capítulo 3, una bellota es la imagen perfecta del potencial.

Entrar en una librería, en una tienda de manualidades, o de deportes de aventura, hace que te sientas inspirado. Son colecciones de objetos que hablan de posibilidad. Hay un libro que podría cambiar tu vida. Hay un lienzo que podrías llenar de color. Hay un kayak que te llevará flotando por el río.

Algunos objetos son combustible porque son una recompensa por terminar una meta. Mis amigos Lindsay y Michael Moreno compran boletos para el Súper Tazón cada vez que su negocio alcanza una gran meta financiera. Algunos objetos son combustible porque te inspiran durante la meta. Ese escritorio en el que despilfarraste te motiva a seguir trabajando en tu tesis. La inspiración que proporciona un objeto puede llegar antes, durante o después del proyecto.

HISTORIA 4: ESTE OBJETO HACE QUE ME SIENTA POPULAR.

La popularidad es el primo pequeño del éxito. Están relacionados, pero no son exactamente lo mismo.

Popular se define personalmente. Por ejemplo, mi esposa Jenny tiene un par de pantalones que le encantan. Se los puso el otro día, y siempre recibe elogios cuando los lleva. ¿Sabes por qué le encantan? Porque los compró en la tienda Walmart.

Le encanta sorprender a personas que le preguntan dónde los compró. Para ella, lucir como si llevara unos pantalones de mil dólares, pero haber gastado diez, es una ganancia. Eso es algo que puso en su lista de mejores momentos. Nadie diría: "Miren a Jenny, es tan exitosa que puede permitirse comprar pantalones en Walmart".

Pero popular es personal. Sacar un cuaderno en un avión para anotar ideas hace que me sienta popular. Hace que me sienta un verdadero escritor que está captando inspiración brillante en el cielo. La persona sentada a mi lado probablemente piense que eso es una estupidez. ¿No sería más práctico tener una computadora o un iPad? Tal vez, pero tú eres quien define lo que te parece hermoso o popular.

HISTORIA 5: ESTE OBJETO HACE QUE ME SIENTA CONECTADO.

Hay objetos que posees que hacen que te sientas conectado a otra persona. Pueden ser recuerdos, pero no tienen que serlo. Por ejemplo, yo tengo una vieja Biblia sobre mi librero que era de mi abuelo.

Mi papá me la regaló cuando falleció mi abuelo. Cuando veo esa Biblia, me siento conectado a los dos. Cuando leo las notas que escribió mi abuelo en los márgenes, me siento conectado. Hay objetos que tienes y que se convierten en recordatorios de personas que amas.

Sin embargo, la conexión también puede significar que estás conectado a toda una comunidad de personas. Yo solía trabajar con un hombre que era un fan intenso de Disney. Su familia y él iban a Disney World veinte veces al año. Yo vivía en Atlanta en ese tiempo, de modo que no era un viaje particularmente fácil. Un día, me habló de un foro de discusión al que pertenecía llamado los Mickeys Verdes. Era un club de fans que tenían un objeto con el que todos se identificaban.

Iban a la tienda Home Depot y compraban una tarjeta de muestra de pintura verde de Disney que tenía la forma de las orejas del ratón. En sus casas, recortaban ese logo de Disney y lo plastificaban. La próxima vez que iban al parque, ponían esa tarjeta plastificada en la puerta de su habitación del hotel, en el carrito de su bebé, o incluso en la parte trasera de su gorra para poder identificarse fácilmente como parte de esa comunidad. Ese pedacito de pintura (un objeto) les hacía sentirse conectados. Una Harley produce lo mismo, y también la marca de barbacoas Big Green Egg. Hay decenas de ejemplos de objetos como estos.

Ahora bien, si nuestra meta fuera ordenar nuestra casa, usaríamos esas cinco historias para arreglar nuestros armarios. Sería parecido a una versión extrema de la organizadora Marie Kondo. En lugar de preguntar: "¿Produce alegría esto?", preguntaríamos: "Este objeto, ¿hace que me sienta joven, exitoso, inspirado, popular, o conectado?". Si obtienes un 0 de 5, tal vez no necesitas poseer ese objeto.

El verdadero poder de entender las cinco historias, sin embargo, está en que aumenta la consciencia de ti mismo. Cuando sabes cuáles son los objetos que reamente te importan, puedes añadir intencionalmente más de ellos a tu vida desde ahora. Esa es la belleza de la lista de mejores momentos. Revela nuestro pasado, informa nuestro presente, y prepara nuestro futuro. No intentes utilizar objetos como combustible si no te motivan.

Tal vez, cuando leíste la lista de las cinco historias, pensaste: "No me importa sentirme popular, exitoso, o joven. Simplemente quiero sentirme conectado". ¡Fantástico! Ajusta tus compras en torno a esa historia. Saluda con la mano a cada dueño de un Jeep que veas porque ese objeto te hace parte de una comunidad.

Puede que seas precisamente lo contrario y te encante sentirte joven de corazón. Esa es una gran parte de tu sistema de valores, y por eso coleccionas libros de cómics y recuerdos de Star Wars. Eso también es estupendo. Mi amigo Shawn gastó más de mil dólares en un traje oficial de Darth Vader. Cuando se lo pone en desfiles, los niños pequeños se vuelven locos. Eso hace que se sienta como un niño otra vez. ¿Algunas de sus metas como profesional lo motivó a ahorrar para eso?

Tal vez sentirte inspirado es tu historia número uno. Yo gasto mucho en libros y cuadernos exactamente por ese mismo motivo. Para mí, un libro lo siento como un pasaporte a una vida nueva. Es donde van gran parte de mi tiempo y mi dinero.

Cuando añades los objetos adecuados a tu vida que cuentan las historias que te inspiran, es mucho más fácil trabajar en tus metas intermedias; y el objeto adecuado incluso puede unirse a tus otras categorías.

Apuesto a que la mayoría de los objetos que hay en tu lista estaban relacionados con experiencias, logros y relaciones.

Los esquíes me hacen sentirme exitoso. Eso es un logro.

Los imanes para refrigerador de Bukola Okoro no solamente sostienen un papel. "Mi refrigerador cuenta una historia divertida de mis viajes", dice ella. Eso es una experiencia.

Para Kerri Simonin, un par de zapatos hermosos significaba realmente una relación. Ella dice: "Mis zapatos de las rebajas de Barney, en la ciudad de Nueva York, no significaban solamente los zapatos (aunque son increíbles). Se trataba de mi primer viaje con una de mis amigas a la ciudad de Nueva York".

Los objetos pueden ser una fuente estupenda de combustible cuando cuentan una historia y cuando están conectados a algo más profundo. Si conoces el tipo de objetos que te gustan, la mejor publicidad del aparato más de moda no te moverá ni un centímetro. Estarás tan ocupado viviendo en la zona de potencial y adquiriendo las historias que más te importan, que ni siquiera establecerás contacto visto visual con esa distracción brillante.

LOS CUATRO COMBUSTIBLES

Sigo teniendo la tentación de utilizar el caos como combustible algunas veces. Decir que me he librado del hábito por completo sería una exageración. Cuando nos reunimos con nuestro consejero financiero recientemente, nos mostró que estábamos en el rumbo correcto para nuestros planes de retiro.

Yo señalé al monitor de video que había en la pared en su oficina y dije: "No sé lo que significa esa gráfica que nos estás mostrando, pero voy a fingir que no soy yo para así poder seguir moviéndome deprisa cuando nos vayamos hoy". Esa parte de mí que utiliza el estrés y el desastre como fuente de motivación se niega a abandonar sin plantear pelea; sin embargo, mientras más tiempo me apoyo en los combustibles más saludables de impacto, destreza, comunidad e historias, más fácil se hace confiar en ellos.

¿Sabes cuál de los cuatro combustibles te motiva más? Yo lo sé.

Podría darte esa respuesta ahora mismo si me enseñaras tu lista de mejores momentos.

SIGO TENIENDO LA TENTACIÓN DE UTILIZAR EL CAOS COMO COMBUSTIBLE ALGUNAS VECES.

El impacto es un logro. El mundo es diferente debido a algo que tú hiciste. Ese es el mejor tipo de logro.

La destreza es una experiencia. Independientemente de cuál sea el resultado, el tiempo que experimentaste mientras lo hacías hace que ese momento valga la pena. Maranda Engstrom investiga códigos de construcción y piensa en sus propios diseños para escuelas, apartamentos, y oficinas. "Yo no tengo ninguna formación y nunca veré esas construcciones, ¡pero es muy divertido!". Ella vive por la satisfacción de esa destreza.

La comunidad es una relación. Esa es tan dolorosamente obvia que no necesita ninguna explicación.

Los objetos correctos siempre cuentan una historia.

Si quieres ver qué combustible te motivará hoy y mañana para mantenerte en la zona de potencial, simplemente consulta tu suma de logros, experiencias, relaciones y objetos. Yo obtuve 61 logros, 59 experiencias, 35 relaciones y 15 objetos en mi lista. Claramente, los dos combustibles que me motivan son impacto y destreza.

La mejor parte de mi día la constituyen las tres o cuatro horas que empleo solamente para escribir nuevas ideas. Tengo decenas de cuadernos con cientos de miles de ideas escritas en ellos. Me encanta ver cuántas ideas puedo pensar en un mes, del mismo modo que a Rico le encantaba comprobar con cuánta rapidez podía inspeccionar cámaras en la línea de ensamblaje.

Cuando viajo por trabajo, me meto en la habitación de mi hotel y escribo tantas ideas (destreza) como pueda para ayudar a todas las personas posibles en libros, conferencias, y cursos (impacto). Mi amigo Carlos Whittaker es totalmente lo contrario. Cuando visita una ciudad, organiza un encuentro con su "familia de Insta", reuniendo a tantos desconocidos como pueda de Instagram para mantener una conversación dispersa en una cafetería.

Cada uno de nosotros utiliza diferentes combustibles de distintas maneras, pero el resultado es el mismo: más tiempo empleado en la zona de potencial. Todo el mundo enfocará estos cuatro combustibles a su propia manera única, y nadie utiliza solamente un combustible. Te beneficiarás de los cuatro en algún momento en tu vida.

Cuando comienzas a utilizarlos más deliberadamente y pasas más tiempo en tu zona de potencial, sucede algo chistoso: el futuro ya no es intimidante. El muro de la visión desaparece. Has aprendido de tu pasado con la lista de mejores momentos. Has aprovechado algunas metas fáciles para salir de la zona de confort. Has evitado la zona de caos con algunas metas intermedias, y ahora estás preparado para responder a la pregunta que planteamos en el capítulo 1:

¿Cómo vivo en la zona de potencial a tiempo completo?

Cualquiera puede visitarla durante unas horas, un largo fin de semana, o incluso un mes o dos.

Sin embargo, ¿cómo mantenemos nuestro hogar en esa zona?

¿Cómo abres cada regalo que tienes?

¿Cómo haces todo eso y mucho más?

Con las metas garantizadas.

LA PROMESA

15

GARANTIZA TU ÉXITO

Voy a vender un millón de libros durante mi carrera profesional. Menos del 1 por ciento de los autores logran eso, pero yo garantizo que va a suceder.

En los próximos doce meses voy estar físicamente más fuerte de lo que he estado en los últimos diez años. Eso se hace más difícil de conseguir cada día, ya que tengo casi cincuenta años y me siento tentado a utilizar la linterna de mi teléfono para leer los menús en restaurantes, pero garantizo que va a suceder.

Cuando termine el año, habré leído trece veces el número de libros que lee el estadounidense promedio en el mismo periodo de tiempo. Eso no es fácil de hacer cuando estás escribiendo tu propio libro, criando hijos y dirigiendo un negocio, pero garantizo que va a suceder.

Antes de que finalice el cuarto trimestre habré encontrado un extra de cincuenta mil dólares en mi negocio empleando quince minutos por semana para revisar un documento de una página. Eso es mucho que esperar de una sola hoja de papel, pero garantizo que va a suceder.

El día 31 de diciembre, mi esposa y mis hijas te dirán que, a pesar de enfocarme en todas esas otras metas, fui un mejor esposo y padre de lo que fui el año anterior. Esto está comenzando a parecer una lista de tareas casi imposible, pero garantizo que va a suceder.

LAS PALABRAS SIN TRABAJO NO SIRVEN DE NADA.

No soy arrogante acerca de lo que soy capaz. Mis inseguridades naturales probablemente hacen que las tuyas parezcan microscópicas en comparación. Además, no creo que los deseos se puedan convertir en realidad solamente al decirlos.

Las palabras sin trabajo no sirven de nada. Son solamente predicciones; son promesas. Si hice alguna cosa, probablemente fue subestimar. Es difícil entender plenamente lo que puedes lograr cuando pasas más parte de tu vida dentro de la zona de potencial.

Si eres una liebre como yo, y has estado esperando para acelerar el ritmo, felicidades, pues estos tres próximos capítulos serán tus favoritos de todo el libro.

LA MAGIA DOLOROSAMENTE OBVIA DE LAS METAS GARANTIZADAS

Las metas fáciles nos sacan de la zona de confort.

Las metas intermedias nos ayudan a evitar la zona de caos.

Las metas garantizadas nos mantienen en la zona de potencial.

El único problema es que nadie piensa que las metas garantizadas realmente existen. Esa frase se parece más a un oxímoron. ¿Cómo puedes garantizar algo que existe en el futuro cuando el futuro todavía no se ha producido?

Nuestra incomodidad con las palabras *garantizada* y *meta* no es un problema nuevo. Hemos estado lidiando con él por más de 230 años.

"No hay garantías en la vida excepto la muerte y los impuestos" es una de esas citas de Ben Franklin que quedó un poco revuelta. La cita original es de una carta que él envió al científico francés Jean-Baptiste Leroy en 1789, en la que Franklin escribió que "en este mundo no puede decirse que haya nada seguro, excepto la muerte y los impuestos".[1]

Esa afirmación se acerca a ser certera. Hay muy pocas garantías en la vida, y las redes sociales están llenas de personas que nos venden promesas que ciertamente no pueden cumplir. "¡Gana un salario de seis cifras en ingresos pasivos en veinte minutos de trabajo en una semana!". "¡Pierde cincuenta kilos para siempre eliminando un alimento de tu vida que los médicos dicen que es terrible para tus pies!". "¡Construye un imperio de criptomonedas con NFT como este millonario de veintidós años que vendió por 19 millones de dólares un garabato de un zorrillo! (¡Ni siquiera se le da bien dibujar zorrillos!)".

Deberías ser muy escéptico con cualquiera que ofrezca garantías. Sé que yo lo soy. Sin embargo, todos podemos estar de acuerdo en que hay más garantías en la vida que solamente la muerte y los impuestos.

Por ejemplo, es una garantía que el mejor modo de encontrar a un tipo usando un soplador de hojas es comenzar a grabar un podcast. Nada hace que tu vecino comience a trabajar en su jardín como la necesidad de tener una reunión por Zoom tranquila. Un tipo que rentó un martillo neumático de Home Depot "por si acaso" lo usará enseguida en el momento en que tú finalmente conseguiste que el bebé se durmiera.

Esas son cosas garantizadas. El mundo está lleno de ellas, y pese a la creencia popular, hay incluso metas garantizadas. ¿Cuáles son? Las metas en las que los esfuerzos aseguran los resultados.

CON LAS METAS GARANTIZADAS, LOS ESFUERZOS ASEGURAN LOS RESULTADOS.

Si haces el trabajo, es imposible que pierdas.

Si confías en el proceso, el producto siempre sale.

Si le das tiempo, la recompensa siempre se produce.

Esa es la magia de las metas garantizadas, y es siempre dolorosamente obvia.

¿Cómo sé yo —y no solo espero— que en los próximos doce meses voy a estar físicamente más fuerte de lo que he estado en los últimos diez años? Porque si hago 150 entrenamientos de *crossfit* este año, será imposible que no me ponga en mejor forma. No he trabajado con pesas en diez años. ¿Adivinas lo que sucederá si trabajo con ellas 150 veces este año?

No comencé mi viaje para ponerme en forma con esa meta, pues era demasiado grande. Mi yo atascado se habría rebelado si yo dijera: "¿Sabes que no hemos trabajado consistentemente con las pesas en una década? Pues bien, ¡ahora vamos a hacerlo casi todos los días durante un año!".

Yo quería enfocar la meta de ese modo desde el primer día. ¡Claro que lo hice! Después de todo, yo soy el rey de la zona de caos, pero incluso las viejas liebres pueden aprender trucos nuevos.

Además, tampoco pensé en 150 entrenamientos cuando estaba trabajando en mis metas intermedias. Entonces tampoco estaba preparado. No tenía un fundamento todavía, y habría salido corriendo hasta la zona de caos diciendo algo parecido a lo siguiente: "Ahora que he hecho tres entrenamientos, ¡estoy preparado para hacer 300!". Habría mantenido ese ritmo por tres semanas, me habría quemado, y entonces habría abandonado.

En cambio, para mi meta intermedia probé doce entrenamientos en un mes. Logré eso, y después intenté hacer quince. Logré eso, y entonces intenté hacer veinte. Aproximadamente el tercer mes comencé a sospechar que tal vez podría hacer 150 en un año, pero me tomó mi tiempo. Sabía que mi entrenador Caleb tenía razón y que me vería tentado a hacer demasiado y me lesionaría, de modo que seguí convirtiendo metas fáciles en metas intermedias hasta que finalmente estuve preparado para las mejores metas de todas: metas garantizadas.

¿Cómo supe que estaba preparado? Tenía pruebas. Las ganancias que consigues con tus metas fáciles se convierten en pruebas de que estás preparado para las metas intermedias. Las ganancias que consigues con tus metas intermedias se convierten en pruebas de que estás preparado para tus metas garantizadas. No tienes que adivinar si es el momento de subir de nivel alguna parte de tu vida. Los resultados hacen que sea obvio.

No todas las metas fáciles se convierten en una meta garantizada, pero cada meta garantizada debería comenzar con una meta fácil.

Por ejemplo, Katie Coric, trabajadora social y clínica del oeste de Nueva York, tenía una meta fácil de transferir dinero de un plan de pensiones de un trabajo anterior hasta el actual. Ella dice que lo había estado postergando porque "parecía abrumador, pero al final no tomó demasiado tiempo". Le tomó aproximadamente una hora de trabajo activo, lo cual es fácil. Katie ganó ese pequeño juego de las finanzas, pero no necesitó convertirlo en una meta intermedia o una meta garantizada. No comenzó a administrar su dinero de modo diferente durante los siguientes noventa días ni a convertirse en contadora. Había estado atascada en la zona de confort y utilizó una meta fácil para salir de ahí.

NO TODAS LAS METAS FÁCILES SE CONVIERTEN EN UNA META GARANTIZADA, PERO CADA META GARANTIZADA DEBERÍA COMENZAR CON UNA META FÁCIL.

Recuerda que es una escalera de metas. Solamente en torno al 10 o 20 por ciento de las metas progresan ascendiendo una escalera. Yo probaré cientos de metas fáciles. Toman solamente unos minutos o pocos días, generalmente son gratis, y tienen pasos obvios. Responder a un correo electrónico que he estado evitando, sacar la ropa de la lavadora, limpiar mi auto, cambiar una bombilla que ha estado rota por seis meses, comprar vitaminas, actualizar mis contraseñas una vez al año; la vida está llena de metas fáciles.

Aproximadamente diez de esas metas serán tan significativas y divertidas que estoy dispuesto a invertir en ellas un poco más, y las convertiré en metas intermedias. Ahora que tengo las vitaminas, me comprometeré a tomarlas cada día durante un mes. Una idea de la que escribí durante una semana será digna de unas semanas más de desarrollo. Algunas conversaciones con un *coach* de negocios se convertirán en un compromiso de noventa días.

Algunas de esas diez metas intermedias se convertirán en metas garantizadas en las que realmente estoy dispuesto a trabajar.

¿Cuáles serán? Bien, deben tener estos cinco factores:

1. LAS METAS GARANTIZADAS TIENEN MARCOS DE TIEMPO EXTENSOS, NORMALMENTE DE NOVENTA DÍAS A UN AÑO.

Las ganancias rápidas son estupendas. Te ayudan a salir de la zona de confort, pero potencial significa desempeño sostenido con el tiempo. No estamos intentando visitar la zona de potencial; estamos viviendo en ella. Por lo tanto, una meta con un marco de tiempo extenso realmente trabaja en nuestro favor. Una de mis metas garantizadas en este momento es emplear ochocientas horas este año desarrollando nuevas ideas. Quiero escribir un libro nuevo cada año, y sé que me toma aproximadamente de quinientas a seiscientas horas hacer eso. Si me enfoco en las ochocientas horas de desarrollar ideas, al final del año tengo garantizado tener hecho un libro nuevo. No puedo apresurar esa meta. Algunas semanas tal vez solo pueda trabajar ocho horas, pero si soy fiel en continuar regularmente, los resultados están garantizados (puedes ver todas las horas que rastreo en mi cuenta de Instagram, @JonAcuff).

Los siguientes son algunos otros ejemplos de metas de largo alcance:

LANZAR UN PRODUCTO NUEVO EN TU EMPRESA.

Cuando yo trabajaba en Bose, nos tomaba aproximadamente de doce a dieciocho meses lanzar al mercado un nuevo sistema de altavoces. Eso podría calificar fácilmente como una meta garantizada. No podíamos garantizar cuántos se venderían, no podíamos garantizar que se quedaran fuera de nuestro edificio problemas de la cadena de suministro, pero si pasábamos de doce a dieciocho meses llevando un producto nuevo por nuestro sistema muy refinado, teníamos garantizado que el resultado sería un altavoz nuevo. Teníamos décadas de metas fáciles y de metas intermedias como prueba para mostrar de lo que éramos capaces. Los negocios están llenos de metas con marcos de tiempo naturalmente extensos.

Un vicepresidente de mercadotecnia de una empresa de software me dijo que, cuando lo contrataron, el CEO se negó a permitirle crear nada de mercadotecnia durante los seis primeros meses. Lo único que quería que hiciera era llegar a conocer al equipo. El vicepresidente, una liebre que estaba preparada para correr, dijo que fue desafiante durante los primeros meses, pero al final reconoció la sabiduría de ese plan. Si pasaba seis meses aprendiendo sobre el equipo, la empresa y la cultura, sería imposible no ser un mejor vicepresidente al final del proceso. Esa era una meta garantizada.

ENTRENAR PARA UNA MARATÓN.

Son necesarias entre dieciséis y veinte semanas de entrenamiento para correr una maratón. A menudo es fácil ver marcos de tiempo extensos en metas deportivas como esa. Toma tiempo perder peso. Toma tiempo aumentar músculo. Toma tiempo sentirte cómodo sobre una bicicleta o una máquina de remo. Lograr cualquier meta significativa siempre toma una cantidad de tiempo significativa. También es necesaria flexibilidad, lo cual proporcionan las metas garantizadas.

Por ejemplo, ¿qué pasaría si te lesionas cuando estás entrenando para tu maratón? ¿Abandonas? No. Haces una pausa, te recuperas, y entonces encuentras una carrera diferente que correr. Esa es la diferencia entre una meta estándar y una meta garantizada. Una meta estándar dice: "Lograré esta meta en esta fecha". Sin embargo, en realidad no sabes eso. Una lesión de rodilla podría dejarte fuera por tres meses. Una meta garantizada dice: "Entrenaré para una maratón entre dieciséis y veinte semanas". Si se produce una lesión, no habrás fallado en la meta. Simplemente has hecho avanzar las semanas hasta que puedas lograrlo. Tal vez necesites apuntarte a tres maratones antes de poder correr una, pero garantizo que, cuando finalmente lo hagas, te sentirás como una superestrella que está viviendo en la zona de potencial.

APRENDER A PLANTAR UN HUERTO.

"Cosechar cinco kilos de espárragos" no es una buena meta garantizada. Conozco a demasiados granjeros que se ríen de las personas que creen que pueden controlar el terreno, la meteorología, y los ciervos que hay por el barrio. Sin embargo, *"aprender* a plantar un huerto" es una meta garantizada estupenda porque, si haces el esfuerzo, será imposible, al final de los 120 días del ciclo de los espárragos, no saber más acerca de esa planta de lento crecimiento.

AHORRAR PARA UN VIAJE FAMILIAR A HAWÁI.

Hawái está abierta. Permite ir allí todo el tiempo a personas como tú y como yo. Garantizo que, si ahorras el dinero suficiente para un viaje, te permitirán visitar la isla. A mi amigo le tomó diez años hacer eso, ahorrando fielmente para un gran viaje con su familia de seis personas. La COVID lo canceló, de modo que pasó un año más esperando para poder ir. Cuando has trabajado en una meta por once años, ¿crees que habrá algo que te detenga? Si cada aerolínea decidiera no volver a volar a Hawái, él probablemente llegaría nadando.

La belleza de un marco de tiempo extenso es que, si estás viviendo en tu zona de potencial, la cantidad de tiempo no te hace estar inquieto, te hace ser implacable.

Me tomará al menos veintidós años llegar a mi meta de vender un millón de libros. Mi amigo Greg McKeown, sin embargo, tuvo un libro que subió como un cohete. Un único libro, *Esencialismo*, vendió más de un millón de ejemplares. Eso es asombroso, y ahora finalmente estoy feliz por él. Principalmente estuve celoso hasta que lo conocí y entendí que es totalmente imposible aborrecerlo.

Yo nunca he tenido esa experiencia. He escrito ocho libros y he vendido un total de ochocientos mil ejemplares. Para alcanzar mi meta total, tendré que vender doscientos mil más. Eso supone simplemente algunos libros más. Si escribo un libro cada año, lograré esa meta cuando tenga cincuenta y pocos años. Incluso si me toma tres años más de lo que anticipo, alcanzaré esa meta antes de cumplir los sesenta.

Eso no me desalienta, porque no creé esa meta garantizada antes de escribir mi primer libro. Esperé hasta haber escrito ocho libros y haber trabajado ya en cientos de metas fáciles y en decenas de metas intermedias. Entonces, cuando tuve pruebas de que estaba en el camino correcto, estuve preparado para decir: "Emplearé los próximos diez años en llegar a mi meta de un millón de libros vendidos".

Ahora, el marco de tiempo extenso en realidad me inspira porque se siente estupendamente estar dentro de la zona de potencial. Los resultados llegarán, tal vez con más rapidez de la que espero o quizá con más lentitud, pero mientras tanto estoy usando mucho más mis dones de lo que solía hacerlo. Estoy añadiendo mejores momentos a mi lista en cada momento. Aborrezco tener que esperar. ¿A quién le gusta? Sin embargo, esperar en la zona de potencial no parece una espera. Se siente como la mejor fiesta en la que hayas estado nunca.

Así es como yo me siento después de una buena sesión de escritura o un entrenamiento de *crossfit*. Estoy agotado pero entusiasmado. Y entonces, al final de los seis meses o un año, o incluso de veintidós años, obtengo otro gran regalo: el logro. Esa es una buena manera garantizada de ir por la vida.

2. LAS METAS GARANTIZADAS ESTÁN BAJO TU CONTROL AL CIEN POR CIENTO.

Si haces un verdadero esfuerzo, los resultados son matemáticas, no un milagro. ¿Sabes quién tiene el cien por ciento de responsabilidad por cómo trato a mi esposa y a mis hijas? Yo. No importa si tengo un mal día, si me estreso en el trabajo, o si estoy cansado por viajar mucho; tengo que decidir: ser amable o no ser amable.

Hay muchas metas que están fuera de mi control y, por lo tanto, no constituyen metas garantizadas estupendas. Por ejemplo, yo no controlo la lista de éxitos de ventas del *New York Times*. Esa meta está fuera de mi control al cien por ciento. Sin embargo, yo controlo reunir a un equipo para lanzar un libro. Yo controlo redactar un plan de mercadeo. Yo controlo que salgan cincuenta podcasts antes de que se lance el libro. Sin embargo, la lista de éxitos de ventas del *New York Times* se basa en un algoritmo privado que guardan muy en secreto.

Un año intenté crear una meta garantizada de caminar veintiséis veces con un buen amigo (no sé leer los menús, me gusta dar paseos, recojo bellotas… tengo cien años). Pasó la primera prueba: era un marco de tiempo extenso. Si caminábamos juntos cada dos semanas, nos tomaría un año lograrla. El único problema era que yo no controlaba su calendario. Él comenzó a viajar más por trabajo, lo cual hizo casi de inmediato que la meta fuera imposible de lograr. Una manera mejor de convertirlo en una meta garantizada habría sido cambiarla, de ser "caminar con Matt veintiséis veces" a "pedir a Matt caminar veintiséis veces". Yo controlo al cien por ciento mi habilidad para liberar tiempo en mi calendario y ser el que lo propone.

Brenna, dueña de una tienda de ropa vintage de Ithaca, Nueva York, no controla el número exacto de artículos que su tienda en el internet vende en un año. Ella no es adivina; sin embargo, esa no es su meta garantizada. En cambio, dice: "Actualmente intento enumerar consistentemente al menos de cinco a diez artículos por día con una meta mínima de dos mil listados por año". El resultado que quiere obtener es una tienda próspera en el internet. Ella sabe que, si logra su meta de listar un mínimo de dos mil artículos vintage, como ropa y cuentos infantiles, será imposible que no logre esa meta. Brenna se enfoca en lo que puede controlar, y al final del año es seguro que verá resultados.

Los bienes raíces no son lo mismo que la ropa vintage, pero pueden ser también una meta garantizada. Son necesarias las visitas de unas diecisiete personas diferentes a una casa en exposición en un nuevo barrio para asegurar tres citas con un agente de ventas. Se necesitan tres citas para encontrar a un comprador. Podemos tirar del hilo todavía más y decir: "Mil personas tienen que ver el anuncio para conseguir que diecisiete de ellas acudan a la casa abierta". Tal vez yo no pueda controlar técnicamente el número de personas que compran una casa, pero si sé cuántas personas son necesarias para dar inicio a que la bola comience a rodar por el embudo, puedo controlar cuántos anuncios hacer. Eso se acerca mucho más a una meta garantizada que decir: "¡Quiero ser un agente de bienes raíces estupendo!".

3. LAS METAS GARANTIZADAS SON FÁCILES DE MEDIR.

Yo tengo cinco metas garantizadas este año, una para cada uno de los grandes juegos:

Carrera profesional: emplear 800 horas creando ideas.

Finanzas: emplear quince minutos cada semana repasando la hoja de beneficios y pérdidas de mi empresa, un promedio de tres acciones positivas por repaso.

Relaciones: ser amable con mi esposa y mis hijas 365 veces.

Salud: hacer entrenamiento de *crossfit* 150 veces.

Diversión: leer 52 libros.

¿Observas lo que todas ellas tienen en común? Hay un número asociado a cada una. Si no puedes rastrear fácilmente tu meta garantizada, te aburrirás con ella y comenzarás alguna otra meta (que es conducta de la zona de caos), o abandonarás, lo cual te lleva de regreso a la zona de confort.

Mi meta inicial en las relaciones era ser un mejor esposo y padre, pero esa es una meta muy borrosa. No puedo medir eso. ¿Sabes lo que puedo hacer, sin embargo? Puedo ser amable con mi esposa y mis hijas 365 veces este año. Durante el curso de doce meses puedo hacer 365 actos de bondad pequeños, medianos y grandes para las personas que más me importan.

Se me ocurrió esa meta cuando observé que mi esposa estaba haciendo muchos monólogos sobre "preparar a Jon con antelación". Antes de ir a una cena, ella decía: "No quiero que seas gruñón, de modo que estableceremos algunas expectativas claras. Tres de tus amigos estarán allí, nos quedaremos solamente dos horas, y las personas que organizan la cena tienen un perro muy hermoso al que sin duda alguna puedes acariciar. ¿Puedes prepararte mentalmente para todo eso?". Era como si ella estuviera relajando de antemano a un gorila irritado.

Entonces también observé que, cuando yo era amable con las personas y participaba en las conversaciones, ellos parecían sorprenderse genuinamente. "¡Fue muy bueno tener a Jon tan presente esta noche!", nos dijo un amigo a mi esposa y a mí al final de una de esas cenas. Yo no quería conseguir crédito extra por los días en los que no estaba malhumorado. No quería seguir siendo un esposo o un papá gruñón. Si hacía 365 cosas amables por mi esposa y mis hijas en un año, ¿adivinas lo que sucedería al final del año? Yo sería un mejor esposo y padre. Eso lo podía medir.

Si tu meta garantizada no tiene un número asociado a ella, sigue pensando hasta encontrarlo. Para nuestro ejemplo previo de "aprender a plantar un huerto", yo lo refinaría hasta llegar a:

1. Emplear una hora cada semana en el huerto.

2. Aprender a cultivar tres tipos de planta de pimiento.

3. Escribir 52 cosas que aprendí este año acerca de mi huerto.

4.	Encontrar a tres *coaches* que puedan darme consejos sobre cuidados del huerto.

5.	Leer cinco libros acerca de jardinería en mi tipo de clima meteorológico.

Si hicieras cualquiera de esas cosas y realmente las midieras, sería imposible que no llegaras a ser un mejor jardinero al final del año. Eso es una garantía.

4. LAS METAS GARANTIZADAS TE FUERZAN A SER MÁS DELIBERADO.

Si voy a emplear 800 horas creando nuevas ideas, mi horario tiene que cambiar. Esto no es confuso; son solo matemáticas. Hay 8720 horas en cada año. Si duermo un promedio de siete horas por noche, tengo 6.205 horas con las que jugar. Para llegar a mi meta, necesitaré estar pensando en ideas una de cada 7,7 horas en las que esté despierto. Eso es abrumador e inspirador. Cuando has despertado a lo que es posible con algunas metas fáciles e intermedias, querrás tener desafíos mayores, ¡y eso es importante!

Si tu meta garantizada no te fuerza a ser más deliberado, entonces todavía no tienes una meta garantizada. Yo tuve que ser muy intencional a fin de encontrar esas sesenta y cinco horas de tiempo cada mes para pensar en ideas. Tuve que encontrar al menos trece horas al mes para el entrenamiento de *crossfit*. Tuve que cambiar tiempo de mirar Instagram por la lectura a fin de llegar a mi meta de libros. Tuve que incluir una sesión de quince minutos cada semana y revisar la hoja de B y P (beneficios y pérdidas) para poder alcanzar mi meta financiera. A continuación, tenemos una sencilla regla general cuando se trata del tiempo:

Metas fáciles: requieren el 1 por ciento de tu semana o aproximadamente dos horas.

Metas intermedias: requieren el 3 por ciento de tu semana o aproximadamente cinco horas.

Metas garantizadas: requieren el 5 por ciento de tu semana o aproximadamente ocho horas.

Si eso parece mucho, cambia el modo en que lo estás mirando.

No estás diciendo: "Tengo que emplear ocho horas por semana en mi meta". Estás diciendo: "¡Puedo emplear ocho horas por semana haciendo algo que me encanta!".

No todas las metas garantizadas toman esa cantidad de tiempo. Mi meta de las ideas es de 800 horas a lo largo de un año, pero mi meta de finanzas tiene un total de solamente trece horas. Tienen tamaños inmensamente diferentes, pero cada una de ellas requiere que yo sea más deliberado con mi horario.

En el capítulo 17 te mostraré cómo medir tu tiempo en la zona de potencial, pero por ahora basta con saber que una meta garantizada pasa por tu horario como si fuera un barco rompehielos en la Antártida. Siempre causa alteración al principio, pero al final crea un camino que hace que sea más fácil que sigan todas las demás metas.

5. LAS METAS GARANTIZADAS PARECEN IMPOSIBLES CUANDO HABLAS DE ELLAS A LOS DEMÁS.

¿Alguna vez te has desalentado por la reacción de alguien a tu meta? A todos nos ha ocurrido. Cuando Clarissa Sliva le dijo a su amiga que iba a comenzar a levantarse más temprano y planear su vida, su amiga respondió: "Sí, pero ¿realmente vas a hacerlo?". Esa reacción desalentó mucho a Clarissa. Ella me dijo: "Esas palabras me hacían enojar cuando fracasaba e incluso cuando tenía éxito (porque hacer algo solamente para demostrar que otra persona está equivocada es una motivación horrible)".

Ahora bien, podríamos psicoanalizar por qué la amiga de Clarissa dijo eso. Tal vez, cualquiera que te critica por explorar tu potencial tiene miedo secretamente de no poder aprovechar el suyo propio. Podríamos pensar en límites muy elaborados por los que Clarissa tiene que guardar las distancias con esa amiga. O podríamos voltear ese desaliento y convertirlo en una señal de que ella realmente encontró una buena meta garantizada.

Una meta garantizada te hará estirarte, lo cual significa que también va a estirar la creencia de otras personas en que tú puedes lograrlo. Cuando hablas a un amigo de una meta fácil, esa persona debería decir: "¿Eso es todo?". Cuando hablas a un amigo de una meta intermedia, él o ella debería decir: "¡Bien por ti!". Cuando hablas a un amigo de una meta garantizada, esa persona debería decir: "¿Estás seguro?".

Una buena meta garantizada debería sonar demasiado extraña, demasiado ambiciosa, o demasiado imposible para otras personas. "Voy a pasar 800 horas creando ideas este año" probablemente le parezca demasiado grande a la mayoría de las personas.

"Voy a emplear siete años para conseguir mi licenciatura mientras crio a dos hijos y trabajo a tiempo completo" parece demasiado tiempo para la mayoría de las personas (¡pero Lin Bedell Ristaino lo hizo!).

"Voy a comenzar a levantar pesas olímpicas con cuarenta años de edad y establecer un récord estatal después de cuatro años de entrenamiento" parece improbable para la mayoría de las personas (¡pero Karhryn Little MacKorell lo hizo!).

"Voy a cambiar de carrera profesional y pasar de conducir camiones a afinar pianos" parece un cambio demasiado grande para muchas personas (¡pero Ronald Moore lo hizo!).

"Voy a ser amable con mi familia 365 veces este año" suena demasiado extraño para la mayoría de las personas, pero yo lo hice.

Si alguien duda de tu meta garantizada, eso no significa fracaso. Eso es confirmación.

Hay una libertad tremenda cuando tu misión no es la de convencer a todo el mundo de que puedes alcanzar una meta sino, hacer que la gente dude de ti. Es agotador conseguir participación de las personas; es divertido conseguir que duden. Imagina que Clarissa hubiera sabido eso antes de conversar con su amiga. En lugar de que ese desaliento le hiciera enojar, se habría alejado de esa conversación pensando: "Debo de estar en el camino correcto".

¡LIEBRES, ALÉGRENSE! ¡ES MOMENTO DE ACELERAR!

Si quieres ir más rápido con tu meta garantizada, todo lo que tienes que hacer es añadir una serie de fechas límite.

Nadie corre más lento cuando puede ver la línea de meta en una carrera. Los equipos de ventas reúnen cada gramo de empuje que sigue quedando en el tanque cuando termina el trimestre. Incluso los estudiantes universitarios encuentran marchas extra de desempeño al final del semestre.

Sin tener en cuenta cuál sea tu personalidad, tu temperamento o tu trasfondo, nadie es inmune al empuje magnético de una buena fecha límite. Asegúrate de que tu meta garantizada tenga tantas como necesites.

La primera vez que yo intenté emplear 800 horas en crear ideas en un año, solamente tenía una fecha límite: 31 de diciembre. Eso no era suficiente. Es realmente fácil desalentarnos y aburrirnos con una meta que se extiende durante 365 días teniendo solamente una fecha límite. Es como mantener la respiración durante un año entero.

En el mes de junio me di cuenta de que el día 1 de julio estaría a medio camino de mi meta en el año. Quería asegurarme de estar por encima de la marca de 400 horas para así tener garantizado poder llegar al total de 800 horas. También quería suavizar las cosas un poco, sabiendo que tomaría tiempo libre en Navidad. El día 1 de julio se convirtió en una nueva fecha límite que me motivó. Si funcionó una fecha límite a mitad de camino, ¿funcionaría también la fecha límite trimestral del día 1 de octubre? Si una fecha límite trimestral funcionaba, ¿funcionaría también una fecha límite mensual? Cada vez que una fecha límite añadía motivación, yo añadía otra fecha límite. Si encuentras un enfoque que te funcione, utilízalo tantas veces como puedas.

Quiero que tengas una meta garantizada inmensa. Quiero que apuntes a las estrellas. No te detengas ni por un segundo cuando se trata del tamaño o el ámbito de tu sueño; sin embargo, si quieres ir más rápido, recuerda este principio:

Haz que tu meta garantizada sea todo lo grande posible, pero que la distancia entre tus fechas límite sea todo lo pequeña posible.

¿Y QUÉ PASA CON...?

Hay decenas de ejemplos de metas garantizadas en este capítulo, pero el 99 por ciento de ellas eran metas "deseadas". Eran metas que te gustaría hacer por deseo y no por obligación. Nadie estaba obligando a Kathryn Little MacKorell a levantar pesas. Ella quería hacer eso. Nadie me estaba obligando a mí a leer 52 libros al año. Yo quiero hacerlo. Nadie te obligará a cultivar un huerto. Tú querrás hacer eso.

Pero la vida no es todo lo que queremos hacer, ¿no es cierto? Podrías estar sentado ahora mismo en un cubículo con una larga lista de metas "necesarias". ¿Quieres averiguar cómo fusionar dos culturas empresariales ahora que tu empresa ha adquirido una firma más pequeña? Tal vez no, pero necesitas hacerlo. Puede que no quieras llevarte bien con un compañero de trabajo difícil, pero necesitas hacerlo. Tal vez no quieras aprender a administrar mejor tu presupuesto, pero necesitas hacerlo.

Está claro como el agua que subir por la escalera de las metas puede ayudarnos a lograr las metas que deseamos; sin embargo, ¿qué pasa con nuestras metas necesarias? ¿Podemos convertir incluso esas metas en garantías? Vamos a descubrirlo.

16

CONVIERTE LOS MIEDOS EN METAS Y OBSERVA CÓMO CAEN

Yo tengo miedo al dinero. En la lista de cosas que temo, sin duda alguna está en el número uno. Así es como se ve mi lista personal de miedos:

1. Dinero

2. Arañas

3. Pasar cualquier cantidad de tiempo en la zona de ventilación de nuestra casa

4. Un avión que se quede sin espacio de almacenaje encima de los asientos antes de que yo llegue

5. Estacionar bajo presión

Es fácil lidiar con los cuatro últimos. Tenemos un fumigador, de modo que las arañas no son realmente un problema. También vaciaré mi plan de pensiones por completo para pagar a otra persona para que se meta en la zona de ventilación de nuestra casa para solucionar un problema. No está encantada, eso lo sé, pero ir arrastrándome sobre el estómago por un laberinto del tamaño de un ataúd infestado de insectos me parece algo terrible en lo que emplear mi día. Yo vuelo con las dos mismas aerolíneas regularmente, de modo que puedo abordar temprano con mi estatus y encontrar siempre un espacio de almacenaje para mi maleta. Y por último, pero no menos importante, tengo un pequeño VW que es fácil de estacionar. He encontrado soluciones adecuadas para cuatro de mis cinco miedos, pero el dinero, ese es un verdadero aprieto.

Parte de mi temor es que alguien vaya a aprovecharse de mí financieramente. ¿Quién? ¿Cómo? ¿Cuándo? Todo el mundo, todo el tiempo, y siempre. Esa es mi actitud. Uno pensaría que me han robado a punta de pistola cien veces o que el banco realiza una ejecución hipotecaria anualmente de nuestra casa a juzgar por mi fuerte sospecha de que algo horrible vaya a sucederle a nuestro dinero. Estoy trabajando en ello. Mi lista de mejores momentos ayudó con mi mentalidad de escasez, pero sigue siendo algo con lo que lidio a menudo.

No se me dan muy bien las matemáticas. Soy escritor. Lo que la aritmética es para ti, es cálculo integral para mí. Pensar en cuál debe ser la propina en un restaurante me causa dolor de cabeza. Intento constantemente llevarla, sea lo que sea lo que eso signifique. El álgebra me parecía vudú en la secundaria. Apenas podía manejar los números, y entonces añadíamos letras para así poder arruinar el lenguaje al mismo tiempo.

UNA VIDA PLENA ESTÁ LLENA DE MOMENTOS "NECESARIOS".

También me aterra que pueda cometer un error que termine llevándome a la cárcel y comience a cavar lentamente una salida, como Andy Dufresne en la película *Sueño de fuga*. Siempre tengo la sensación de estar a un error financiero de distancia de que el departamento de Hacienda comience a buscarme. No me dan miedo las serpientes, hablar en público ni las alturas, pero el trabajo administrativo me hace sudar.

Eso es desafortunado, porque la edad adulta conlleva mucho trabajo administrativo. Si lo haces bien, ser un adulto es mucho más divertido que ser un niño, pero sí que requiere que administres tus propias finanzas.

El modo de esconder la cabeza como un avestruz no es un gran plan cuando se trata de dinero, especialmente si eres dueño un negocio, como yo. Una regla sencilla del emprendimiento es la siguiente: "Si no te ocupas de tu propio dinero, no podrás ser dueño de un negocio por mucho tiempo". Puedes contratar a todos los expertos que quieras (contadores y planificadores financieros), pero al final, aun así tú tienes que participar.

Eso es cierto en los cinco grandes juegos que jugarás.

Podrías no querer ponerte en forma, pero necesitas hacerlo.

Podrías no querer hacer ese viaje de negocios, pero necesitas hacerlo.

Podrías no querer reparar una relación rota, pero necesitas hacerlo.

Podrías no querer tomar unas vacaciones divertidas, pero si eres adicto al trabajo, necesitas hacerlo (si no eres adicto al trabajo, la idea de *necesitar* tomar unas vacaciones podría parecerte una locura, pero te aseguro que la diversión es una meta difícil para muchas personas).

Una vida plena está llena de momentos "necesarios". Son tareas o proyectos ineludibles que nos gustaría fingir que no existen.

¿Qué es lo que prefieres evitar? Apuesto a que es diferente a lo que yo pienso. Quizá tú haces trabajos de calefacción y ventilación y te reíste de mi incapacidad de gatear por una cámara de ventilación. Tal vez eres contador y el dinero es tu lugar de juego. Quizá eres conductor de camión y estacionar en espacios pequeños es algo en lo que sobresales.

Tal vez es un juego diferente el que te hace caer en picado cada vez que piensas en ello. Tu carrera profesional se ha estancado.

Esperas poder ignorar el perder unos kilos y que la ciencia moderna finalmente solucionará los problemas de salud con algo como un láser o un holograma. Eres una isla en este momento porque no sabes cómo invertir en las relaciones. Diversión es una palabra que no conoces porque toda tu identidad gira en torno al trabajo y no ves el valor que hay en el juego. Todo el mundo tiene algo en lo que preferiría no pensar, pero necesita hacerlo.

Ahora es el momento de voltear hacia nuestra pregunta del capítulo 6. En lugar de mirar a los cinco juegos de carrera profesional, finanzas, relaciones, salud y diversión, y preguntar: "¿Qué juego quiero jugar?", vamos a hacer lo contrario.

¿Qué juego estás evitando?

SUBAMOS LA ESCALERA

Las ranas salen saltando del agua hirviendo, incluso si al principio es fría. No sé por qué los científicos tuvieron que explicarnos que esa metáfora motivacional tan popular era falsa, pero lo hicieron. Si metes a una rana en agua tibia y vas aumentando gradualmente la temperatura, la rana saldrá de un salto. Doug Melton del departamento de biología de la Universidad de Harvard, lo expresó incluso con mayor claridad: "Si metes a una rana en agua hirviendo, no saldrá de un salto. Morirá. Si la metes en agua fría, saltará antes de que se caliente; no se quedará quieta".[1]

Por lo tanto, en lugar de entretenerte con la historia incorrecta acerca de una rana en agua hirviendo, no voy a preguntarte qué agua en tu vida se está calentando gradualmente. Mantendré nuestra línea de preguntas sencillas, y preguntaré simplemente: *¿Qué juego estás evitando?*

La lista no es larga. ¿Cuál de los cinco grandes juegos te niegas incluso a mirar en este momento? ¿Cuál de ellos estás postergando hasta mañana? ¿Sobre cuál de ellos tu otro yo te dio unas palmaditas en el hombro una vez, dos veces, o un millón de veces?

Este, tal vez, es el ejercicio menos confuso de todo el libro. Un candidato gritará para captar tu atención si te atreves a hacer esa pregunta.

¿QUÉ JUEGO ESTÁS EVITANDO?

El dinero no se quedó callado cuando yo le pregunté. Como un náufrago en una isla en el Pacífico, comenzó a gritar en cuanto yo miré los juegos. "¡Soy yo! ¡Son las finanzas! ¿Me oyes? ¿Me ves? ¡Escribí la palabra AYUDA con cocos! ¿Preferirías que prenda una señal de fuego? ¿Sería útil si prendo fuego a toda tu vida para captar tu atención?".

Yo había esperado que alguna otra persona adulta arreglara la situación. Siempre hay un momento en nuestra vida en el que nos olvidamos temporalmente de que nosotros somos esa persona adulta. "¿Necesitamos un aire acondicionado nuevo para la casa? ¿Quién lo paga? Un momento... ¿soy yo? ¿No hay ningún otro adulto que se ocupe de eso? ¿Soy yo? ¿Y no aumenta el valor de la casa porque las personas esperan que tenga aire acondicionado? ¡Fantástico!".

Ese fue uno de esos momentos. Yo tenía cuarenta y seis años de edad y comenzaba a sospechar que nadie más iba a aparecer para solucionar mágicamente todas mis finanzas en mi lugar. Supuse que eso era de lo que siempre oía conversar a otras personas y que se llamaba "responsabilidad personal".

La ley de causa y efecto es tu mejor amigo o tu peor enemigo, dependiendo de lo que hagas con ella. Si te niegas a admitir que tus acciones tienen resultados, sufres consecuencias. Si hago menos ejercicio, termino en peor forma. Si soy descuidado en cepillarme los dientes, tengo más caries. Si veo televisión en lugar de escribir mi libro, no podré publicar un libro.

Todas nuestras acciones tienen efectos. Son las consecuencias. Luchar contra ese principio es tan necio como luchar contra la gravedad. Negarnos a apropiarnos de nuestras acciones es como despertar cada mañana y estar furiosos porque la gravedad sigue haciendo su efecto en nuestro planeta. "¡Vaya! No puedo creer que no pueda dar un salto de dos metros en el aire con este cuerpo atado a la tierra. ¡Estúpida gravedad! Tal vez mañana será diferente…".

Sin embargo, si aceptamos la ley de causa y efecto, no tenemos consecuencias; tenemos interés compuesto. Si hago más ejercicio, estoy en mejor forma. Si me cepillo más los dientes, tengo menos caries. Si escribo más, publico más libros. Esas pequeñas acciones a las que me comprometo una y otra vez se acumulan con el tiempo, como el interés compuesto. Puede que no vea los efectos rápidamente, pero, sin duda, los veré al final. Así es como funciona la ley de causa y efecto.

Yo miré mis finanzas y me di cuenta de que tenía tres opciones:

1. Ignorar mi dinero y vivir en la zona de confort todo el tiempo posible hasta que una crisis financiera me sacara de ella.

2. Declarar que me había convertido en un experto en finanzas, intentando hacerlo todo a la vez y corriendo directamente a la zona de caos.

3. Convertir el dinero en una meta fácil, una meta intermedia, y finalmente una meta garantizada que me mantuviera en la zona de potencial.

Había probado la primera opción por años, y para ser sincero contigo, funcionó bastante bien. No prestaba atención a mi dinero hasta que había un problema importante, y entonces corría para salir de ahí. El único problema era que había experimentado cuán estupenda era la vida en la zona de potencial con otros juegos en mi vida, y quería que los cinco estuvieran representados. No quería ser un culturista que se saltara el día de entrenamiento de piernas con mis metas de carrera profesional, relaciones, salud y diversión funcionando mientras mis finanzas cojeaban.

Sabía que la segunda opción no funcionaría a largo plazo porque el enfoque de carrera me había fallado demasiadas veces. Engáñame una vez, y debería darte vergüenza. Engáñame 783 veces, ¡y debería darme vergüenza!

Lo cual me dejó con la tercera opción. Fue fácil escoger esa porque —muy parecido a mirar atrás en lugar de mirar adelante para crear mi lista de mejores momentos— no tenía ninguna otra opción.

La mejor oportunidad para lidiar con mi dinero estaba en el ámbito de mi empresa. Mis finanzas personales estaban bien porque mi esposa Jenny está involucrada. Las finanzas de mi empresa, por otro lado, estaban en el Salvaje Oeste porque yo era la única persona que realmente las miraba.

Anoté "administrar las finanzas de la empresa" como mi meta, pero me di cuenta rápidamente de que eso era demasiado confuso. No se puede convertir en acciones una meta tan indefinida, de modo que comencé a enumerar, en cambio, algunas metas fáciles:

1. Encontrar una copia de mi hoja de beneficios y pérdidas mensuales.

2. Imprimir esa copia, ya que me gusta el papel.

3. Llevar esa copia a un viaje de negocios para así poder revisarla en Houston.

4. Etiquetar una carpeta con las letras ByP para así tener un lugar donde poner también el documento de la próxima semana.

5.   Decirle a mi esposa que voy a repasar la hoja de ByP.

6.   Programar un repaso de quince minutos en mi calendario.

7.   Reprogramar el repaso de quince minutos en el calendario, porque aborrezco tanto repasar las finanzas que ignoré la primera reunión conmigo mismo.

¿Te parecen impresionantes esas cosas? Espero que no, porque una meta fácil no debe impresionar a nadie. Una meta debería ser algo como: "encontrar tus tenis para correr", o "buscar las horas para el gimnasio", o "comprar bolsas de basura para el proyecto de ordenación". Cuando digo que deberías ir tranquilamente al inicio, me refiero a que deberías ir realmente tranquilo.

Me tomó unas tres semanas conseguir esas metas. Aunque en realidad solamente significaba una hora de trabajo, me las arreglé para extenderlas en veintiún días. Cuando hay una meta que estoy evitando, tiendo a seguir evitándola. Y no soy la única persona que hace que eso.

Chris Ruch, director creativo en Pensilvania, me dijo que estaba "aterrado/abrumado por la idea de archivar". Su enfoque era sencillo: pon todos los papeles en una caja, y es de esperar que nunca tengas que lidiar con ellos. ¿Tienes esa misma caja en tu casa en este momento? ¿Y qué del cajón que tiene cables y cargadores enredados de cada teléfono que has tenido en los diez últimos años? Yo puedo ver mi propio nido desde donde estoy sentado. ¿Qué inspiró a Chris a crear algunas metas fáciles con sus papeles? Su mamá casi tuvo una experiencia cercana a la muerte. "Al tener que buscar entre sus documentos, tuve una revelación de que yo debería ordenar mis papeles". Como la mayoría de las cosas que postergamos, resultó ser más fácil de lo que él pensaba. "En realidad no fue difícil, después de todo —dijo—, solo me tomó un poco de tiempo".

En el capítulo 5 dije que hay dos razones por las que las personas salen de sus zonas de confort: crisis involuntaria y truco voluntario. Cuando la mamá de Chris casi muere, él experimentó una crisis involuntaria que lo inspiró a poner en orden su propia vida.

Rebekah Phillips me dijo que ella lidió con "un dosificador de jabón para lavaplatos estropeado por más de un año antes de buscar en Google, ver un video de dos minutos en YouTube, y sencillamente arreglarlo con muy poco esfuerzo". Decenas de personas me contaron historias como esta en el internet, y el resultado era siempre el mismo: se sorprendieron por lo fácil que fue superar algo que parecía insuperable.

Las metas fáciles de Chris de lidiar con sus documentos pudieron convertirse en una meta intermedia (cada año nuevo viene con documentos nuevos que hay que archivar), pero dudo que la meta de Rebekah aumentará. Probablemente, ella no decidió convertirse en técnico de reparaciones tras arreglar el dosificador de jabón. No todas las metas fáciles se convierten en una meta intermedia, pero algunas sí lo hacen, y por eso me hice a mí mismo dos preguntas después de terminar mis primeras acciones financieras:

1. ¿Vale la pena convertirlo en una meta intermedia?

2. En caso afirmativo, ¿qué aprendí que tenga que llevarlo adelante?

La respuesta a la primera pregunta fue: "sí". Tras solo una semana de esfuerzo, pude ver que enfocarme en mis finanzas me daba dividendos. Además, el dinero no era tan aterrador como yo pensaba que sería. En retrospectiva eso no es sorprendente, ya que los expertos nos dicen: "La terapia de exposición ha sido establecida firmemente como el mejor modo de reaccionar a temores y fobias".[2]

Me gustaría que la solución para superar un miedo fuera evitar ese miedo por completo, pero eso no funciona. "La razón es lo que los psicólogos denominan 'insensibilización', en la cual la exposición repetida a algo repelente o que da miedo, lo hace parecer común y corriente, prosaico, e indudablemente no escalofriante".[3] Es chistoso pensar en el dinero como algo repelente o escalofriante, pero lo fue para mí hasta que lo convertí en una meta fácil.

También aprendí otra cosa importante: revisar mi hoja de ByP sin tomar notas no valía de nada. Podía marcar una casilla que había repasado, pero en realidad no lograba nada con eso. Para subir de nivel tenía que tomar notas.

Como mi meta intermedia, me comprometí a repasar mi hoja de ByP cada semana durante un mes. Tuve que coordinar eso con mi contadora, y organizar que ella me enviara una versión actualizada cada miércoles en la tarde. Tuve que programarlo con antelación para que se produjera realmente, y tuve que anotar observaciones activamente.

Por ejemplo, observé que en diciembre de 2021 mi empresa tuvo un 80 por ciento más de ingresos por conferencias públicas que en otros años. La mayoría de las empresas no organizan eventos a final de año debido a las vacaciones; sin embargo, después de que se cancelaran tantos eventos a causa de la COVID, las empresas añadieron algunos eventos a final de año. Sin embargo, no lo harían en 2022, de modo que necesitábamos encontrar otra fuente de ingresos en diciembre.

Trabajé en mis metas intermedias por un mes, y entonces volví a plantear otra vez las dos mismas preguntas:

1.   ¿Vale la pena convertirlo en una meta intermedia?

2.   En caso afirmativo, ¿qué aprendí que tenga que llevarlo adelante?

De nuevo, la respuesta a la primera pregunta fue: "sí".

Cuando revisé mi hoja de ByP no pude evitar pensar en nuevas ideas. Algunas eran pequeñas, como vender nuestro calendario anual más temprano en el año (FinishCalendar.com); otras eran más grandes, como redactar una nueva propuesta editorial antes de octubre para así poder tener una oportunidad de cerrar un contrato para un libro antes de que terminara el año. Tenía la sensación de haber estado pilotando un avión por años sin mirar el panel de instrumentos. "Ahhh, por eso hubo tanto movimiento y todo el mundo vomitaba en los asientos. El tren de aterrizaje está desplegado y uno de los motores está ardiendo. Apuesto a que las cosas serían mucho más fáciles si me ocupara de eso".

También aprendí que tomar notas era útil, pero tenía que hacer algo con ellas. Podía llenar cien cuadernos con ideas acerca de nuestra hoja de ByP, pero a menos que las compartiera con el equipo y las convirtiéramos en proyectos, nada cambiaría.

La meta garantizada comenzó a tomar forma. Me comprometí a revisar la hoja de ByP por quince minutos cada semana y promediar tres acciones para el repaso. ¿Por qué promediar? Porque la meta intermedia me enseñó que algunas semanas realizaba una acción y otras semanas realizaba cinco acciones. Tendría un mayor éxito a largo plazo si hacía un promedio y no una regla rígida. Si mi meta inicial era administrar las finanzas de la empresa, entonces el éxito estaba garantizado porque al final del año habría revisado los ByP 52 veces y habría realizado 156 acciones. Es imposible no tener un mejor conjunto de finanzas si tocas esa información tantas veces.

¿Podría haber pasado de cero a cien kilómetros por hora decidiendo de repente que iba a revisar mi hoja de ByP cada semana durante un año entero? Tal vez. ¿Podría haberme saltado las metas fáciles e intermedias? Quizá. Sin embargo, no habría aprendido cuán importantes eran las notas, y no habría sabido que necesitaba un promedio de tres acciones por semana. Si los primeros cuarenta y siete años de mi vida son alguna indicación, habría abandonado aproximadamente en la tercera semana, abrumado por una meta anual hacia la que correría rápidamente en lugar de ir creciendo hacia ella.

Sin duda alguna, el primer día puedes saltar e intentar llegar al peldaño de la meta garantizada en lo alto de la escalera. Eso no es imposible, y podrías ser capaz de empujarte como si estuvieras haciendo flexiones sencillamente con la fuerza de voluntad, determinación y disciplina suficientes para hacer que funcione. O puedes subir por la escalera peldaño a peldaño, aprendiendo a lo largo del camino y mejorando en cada nivel.

El enfoque de paso a paso hace que el progreso sea mucho más fácil, especialmente cuando es un área de la vida necesaria y no un área que deseamos. Al principio, podría parecer lento o ilógico para la cultura del éxito instantáneo que todos desearíamos que fuera verdad, pero los beneficios de subir intencionalmente la escalera de las metas siempre supera el costo que conlleva.

LO QUE TODOS PASAMOS POR ALTO

Una tarde, en un vuelo de regreso a Nashville, me senté al lado de un gerente farmacéutico de treinta y un años de edad. Eso era inusual, porque era un vuelo el jueves, lo cual significa normalmente que el avión va lleno de fiestas de despedida de solteras que se dirigen a Music City para pasar un fin de semana de diversión y bares. En la industria de la aviación, es lo que se conoce como "vuelo bárbaro", porque eso es lo que grita todo el tiempo la futura esposa.

El joven que iba sentado a mi lado me contó su historia. Había progresado rápidamente en su empresa, triunfando en cada nivel de desempeño hasta que se había estancado en su puesto actual. El

LOS BENEFICIOS DE SUBIR INTENCIONALMENTE LA ESCALERA DE LAS METAS SIEMPRE SUPERA EL COSTO QUE CONLLEVA.

único puesto que quedaba era el de su jefe, y él era demasiado joven para llegar hasta ahí pronto.

Él podía ver la llamada de la zona de confort, y se enojaba cuando viejos vecinos le decían: "¡Ya te va bien! A esa edad, yo no estaba donde estás tú". Él quería algo nuevo, algo más desafiante, algo más grande.

Las personas muy productivas son tentadas en ese momento a lanzar una granada a sus propias vidas y cambiarlo todo. Recuerda: "todo o nada" es lo que a menudo creemos que son las únicas opciones para un cambio de vida. En cambio, yo lo reté a convertir una meta fácil en una meta intermedia, y una meta intermedia finalmente en una meta garantizada.

Todo lo que él tenía que hacer era encontrar tres metas de carrera profesional en las que estuviera un poco interesado. "Explora podcasts, mentoría y liderazgo", le dije. Tal vez se enamoraría de un podcast que iniciara para jóvenes profesionales que también intentan evitar un estancamiento precoz. Quizá encontraría a un mentor que pudiera abrirle los ojos a nuevas oportunidades en su empresa actual. Como llevaba solo seis meses en su puesto de gerencia, puede que pudiera explorar llegar a ser un mejor líder.

Esas son metas fáciles que probar, y cualquiera de ellas podría convertirse en una meta intermedia. Si me encontrara con él seis meses después en otro vuelo, tal vez me diría que se comprometió a grabar un nuevo podcast cada semana por tres meses o a asistir a un nuevo evento de liderazgo. Tal vez, un año después me diría cuál era su meta garantizada. Puede que leer sobre mentoría se hubiera convertido en encontrar a un mentor, lo cual se habría convertido en reuniones mensuales para revisar su progreso. Otro viaje a casa podría encontrarlo firmemente en la zona de potencial, sin estar preocupado ya por quedarse atascado en la zona de confort o de caos.

Espero que eso le suceda.

Espero que te suceda también a ti.

Si estuviéramos juntos en un vuelo, te diría exactamente lo mismo que le dije a él: eres capaz de más de lo que crees. Hay un camino que es fácil de seguir. Cualquiera puede hacerlo.

Haría encajar tantas partes como pudiera de este libro en ese viaje, pero ese es el problema del vuelo desde Atlanta hasta Nashville. Toma solamente treinta y nueve minutos, y en ese tiempo no se puede hablar de todo. Ni siquiera pude decirle a ese joven lo más importante acerca de la zona de potencial que estoy a punto de decirte a ti.

La entrada es gratis, pero vas a necesitar una tarjeta de resultados para asegurar que puedes quedarte.

17

CREA UNA TARJETA DE RESULTADOS PARA SABER QUE ESTÁS GANANDO

Twitter fue mi primer amor de red social.

Antes de ser un desastre de lucha política, ciberanzuelos e indignación, era mi plataforma favorita. Desde que era redactor creativo de mercadotecnia, al instante apeló a la parte de mí entrenada para escribir titulares. Yo era una máquina de crear citas, y produje más de 80 000 tuits a lo largo de los años. La mayoría de ellos eran observaciones ridículas acerca de lo que estuviera sucediendo en mi día, y desaparecían rápidamente. Por ejemplo: "Una vez le dije a alguien de dieciocho años que Netflix solía llegarme por correo, y estoy bastante seguro de que él pensó que mentía". Un puñado de mis tuits cobraron impulso, sin embargo, y se mantuvieron.

Uno de los más populares es: "No compares tu inicio con la etapa intermedia de otra persona". Esa idea se convirtió en cientos de imágenes de Pinterest, cuadros en madera, e incluso tarjetas en Nueva Zelanda. Alguien me envió por correo el conjunto, que incluía a otros influencers impresionantes en redes sociales como Gandhi y Eleanor Roosevelt. Finalmente, se reconocen las aportaciones que estos tres compañeros hemos estado haciendo a la sociedad.

Creo que el tuit fue tan bien recibido porque es cierto. No deberías comparar tu inicio con la etapa intermedia de otra persona.

No deberías comparar tu primer libro con el decimotercer libro de Stephen King, o tu primer plan de negocio con el lanzamiento del iPhone de Steve Jobs, o tu primera flexión con la número un millón de La Roca.

Todos sabemos eso intelectualmente. Nadie cree que la comparación sea una actividad saludable, pero ¿cómo dejamos realmente de hacerlo?

¿Cómo quebramos el dominio y el control de la comparación con el que hemos batallado por años (¡debes estar al mismo nivel que los vecinos!), cuando las redes sociales hacen que sea más fácil que nunca hacerlo? El consejo más común normalmente hace lo que hice yo en ese tuit, y simplemente nos dice que dejemos de hacerlo.

"¡Déjalo!".

"¡Toma un descanso de las redes sociales!".

"¡Haz una desintoxicación digital!".

Si eso no funciona, ¿qué pasaría si, en cambio, probaras la gratitud?

"¡Sé agradecido!".

"¡Cree en ti mismo!".

"¡Cuenta tus bendiciones!".

Lo último, pero indudablemente no menos importante, es: "¿Qué pasaría si alentaras a la persona de la que tienes celos? Celebra a tu enemigo hasta que ya no lo sea".

Todas ellas parecen soluciones útiles a primera vista, pero ¿has probado alguna de ellas? Yo lo hice: por años. ¿Funcionaron mejor para ti de lo que funcionaron para mí? ¿O fueron arreglos de corto plazo que no produjeron un cambio duradero?

La razón por la que ninguno de esos enfoques funciona es que todos ellos no responden la pregunta más importante: "¿Por qué me comparo con otras personas?".

LA RESPUESTA

No tienes que realizar una búsqueda de visión larga y personal para averiguar la respuesta a esa pregunta. Te la diré ahora mismo.

La razón por la que te comparas con otros es que tu cerebro quiere saber que estás haciendo progreso en la vida. Con el tiempo, este diseño podría transformarse en una forma de inseguridad, materialismo o vanidad, pero en la raíz de la comparación está tu cerebro intentando responder a la pregunta básica: "¿cómo nos va?".

¿Puedes culparlo?

¿Has tenido alguna vez un amigo que te dirige desde el asiento del pasajero pero no te da las indicaciones con bastante antelación? No te dice: "En medio kilómetro vas a tener que girar a la derecha en el tercer semáforo". En cambio, cuando llegas a una intersección, grita: "Tienes que girar a la derecha; ¡gira, gira, gira!". Es una experiencia muy molesta porque nunca sientes realmente seguridad con respecto a dónde vas o cómo está progresando el viaje. ¿Estamos cerca de nuestro destino final? ¿Nos queda mucho camino por recorrer? ¿Vamos bien de tiempo?

Tu cerebro quiere saber eso acerca de tu vida también, especialmente cuando se trata de los cinco juegos de carrera profesional, finanzas, relaciones, salud y diversión.

¿Cómo vamos en nuestra carrera profesional? ¿Deberíamos estar más adelantados a estas alturas? ¿Estamos en el lugar correcto? ¿Es demasiado tarde para pasar a otra profesión? ¿Hemos aprovechado al máximo nuestras oportunidades?

¿Cómo están nuestras relaciones? ¿Tenemos amigos suficientes? ¿Realmente nos conoce alguien? ¿Siente todo el mundo una soledad como esta, o somos solamente nosotros?

¿Cómo están nuestras finanzas? ¿Se supone que deberíamos tener más dinero ahorrado? ¿Va bien nuestro plan de retiro? ¿Podremos pagar la universidad? Si hay una recesión, ¿sobreviviremos a ella?

¿Cómo está nuestra salud? ¿Estamos en forma? ¿Estamos durmiendo lo suficiente? ¿Deberíamos tomar colágeno con nuestro café o comer menos gluten?

¿Nos estamos divirtiendo ahora? ¿Está permitido divertirse como adulto, o eso es algo que solamente sucede cuando tienes veinte años? ¿Hemos perdido nuestra magia? ¿Qué es la magia? ¿Soy demasiado joven para aficionarme a la observación de aves? ¿Es esto todo lo que hay en la vida, o hay algo más?

Tu cerebro es curioso constantemente acerca de tu progreso, y tú también lo eres.

No trabajarías duro en una dieta y un plan de ejercicio durante un año si no vieras ninguna actualización del progreso. Estarías frustrado en tu trabajo si el jefe nunca te diera retroalimentación acerca de tu desempeño. No te irías de vacaciones con alguien que te dijera: "Simplemente vamos al océano. No puedo decirte a cuál, cómo llegaremos allí, o dónde nos quedaremos". Quieres información, y también la quiere tu cerebro.

Pero, si preguntamos a la mayoría de las personas: "¿Cómo van tus relaciones? ¿Cómo está tu salud? ¿Cómo va tu carrera?", ofrecen respuestas difusas, si es que dan alguna. "Está bien. Va bien. Día a día. Simplemente poniendo un pie delante del otro".

Eso no basta para tu cerebro. Las respuestas difusas no satisfacen la parte más curiosa de tu cuerpo. En el momento, tu cerebro no se detiene buscando una actualización de progreso sobre la vida. Simplemente dice: "Bien, si no me dices el resultado, miraré la tarjeta de resultados de otra persona y veré si puedo averiguarlo de ese modo". Así es como comienza siempre la comparación.

En ausencia de una tarjeta de resultados, tu cerebro utilizará la de otra persona. Ese es un gran problema porque, cuando mides tu vida según la tarjeta de resultados de otra persona, siempre saldrás perdiendo. Yo soy un Brené Brown terrible. Soy el peor James Clear. Te avergonzarías al ver lo mal que se me da ser Jim Collins.

Ocasionalmente me olvido de eso y me comparo con un puñado de otros autores exitosos. Esencialmente mido mi vida según la de ellos. Cuando lo hago, olvido totalmente que no estamos jugando el mismo juego.

Un hombre soltero y sin hijos que está construyendo una carrera profesional como orador mientras vive en Los Ángeles, tiene muy poco en común conmigo. Yo llevo casado veintidós años. Estoy criando a dos hijas adolescentes, y vivo en los suburbios de Nashville. Puede que compartamos un juego de carrera profesional, pero los otros cuatro juegos son totalmente diferentes.

Por ejemplo, el otoño es la estación más ocupada para conferencias públicas en eventos corporativos, pero yo limito mis compromisos de los viernes en la noche para poder estar en casa y asistir a los juegos de fútbol de secundaria con mi familia. No hay ningún otro lugar donde preferiría estar que sentado en esas gradas bajo las luces del viernes en la noche; sin embargo, si miro mi teléfono durante el descanso del partido, rápidamente puedo sentir envidia de algún otro orador que está hablando en un gran evento en Colorado Springs en ese momento. Todo el estadio de fútbol desaparece mientras yo caigo en un arrebato de comparación.

La gratitud no solucionará eso.

Animar a la otra persona no detendrá eso.

Hacer un ayuno de redes sociales no cambiará eso.

EN AUSENCIA DE UNA

TARJETA DE RESULTADOS,

TU CEREBRO UTILIZARÁ LA

DE OTRA PERSONA.

Lo único que pondrá fin a tu tentación de compararte con otras personas es cuando finalmente tengas tu propia tarjeta de resultados que mirar.

CÓMO CREAR TU PROPIA TARJETA DE RESULTADOS

En este momento exacto, he empleado 410,25 horas creando ideas este año.

Hice ejercicio veintiséis veces en los últimos treinta días. He tomado vitaminas cinco veces en la última semana.

Esas no son actividades aleatorias para mí, sino que son señales específicas de que estoy viviendo en la zona de potencial. Las vitaminas son una meta fácil. El ejercicio es una meta intermedia. Crear ideas es una meta garantizada. Son tres acciones que me he comprometido a rastrear.

Si me preguntaras si estaba aprovechando mi inmenso potencial, no te diría: "Creo que sí" o "tengo la sensación de que sí". Te diría que he empleado 410,25 horas creando ideas este año. Hice ejercicio veintiséis veces en los últimos treinta días. He tomado vitaminas cinco veces en la última semana.

La única razón por la que conozco cualquiera de esos hechos es porque tengo tarjetas de resultados. En estos días no tengo mucho tiempo para compararme con otras personas porque mi vida entera está llena de tarjetas de resultados.

Mi gráfica en la pared rastrea las horas que escribo.

Mi cuaderno rastrea mis metas diarias.

La minipizarra blanca que hay sobre mi escritorio rastrea mis tareas semanales.

Mi app Goodreads rastrea mi progreso en lectura.

La gráfica de conducta rastrea cuántas veces he sido amable con mi familia.

La app de Delta rastrea cuántas veces he volado este año y el progreso que estoy haciendo hacia mejorar mi estatus (como una perpetua novia de la aviación, soy siempre platino, nunca diamante).

La app de Wells Fargo me da actualizaciones sobre mis finanzas.

Instagram, Twitter y Facebook me dan información acerca del crecimiento de mis redes sociales.

Buzzsprout me informa de las descargas de mi podcast.

Apple rastrea cuántas reseñas de mi podcast tengo.

Mi calendario me muestra a cuántas reuniones me he comprometido esta semana.

Strava me dice cuántos kilómetros he recorrido este año.

Amazon me da una clasificación de las ventas mis libros.

Mi hoja de beneficios y pérdidas me da un chequeo de temperatura de mi negocio.

UNA TARJETA DE RESULTADOS PUEDE SER CUALQUIER COSA QUE MIDA EL PROGRESO PARA TU META.

Mi bandeja de entrada me dice cómo va mi comunicación con colegas, clientes y amigos.

Mi librero me dice que mi meta garantizada de escribir un montón de libros que supere mi altura, va progresando. Esa es la meta a largo plazo que tengo. Ahora voy aproximadamente por la altura de la cintura, incluyendo ediciones en idiomas extranjeros, gracias por preguntar.

Ni siquiera tuve que levantarme de la silla donde estoy sentado para ver todas esas cosas. Apuesto a que podría encontrar decenas más de tarjetas de resultados en otras partes de la casa. Algunas de ellas las creé yo mismo, como la gran gráfica en la pared que hice y que muestra cuántas horas he pasado pensando en ideas. Algunas de ellas las utilizo, como la app de ejercicio de Strava. Son todas diferentes, pero cada una de las tarjetas de resultados me resulta beneficiosa.

Si alguna vez has sentido la falta de dirección de la zona de confort o la sensación en la espalda que acompaña al arrebato de pánico de la zona de caos, el motivo es el mismo: no tienes tarjetas de resultados.

Afortunadamente, son las cosas más fáciles del mundo de encontrar porque una tarjeta de resultados puede ser CUALQUIER COSA que mida el progreso para tu meta.

Escribí CUALQUIER COSA en mayúsculas porque la primera pregunta que la gente me hace acerca de las tarjetas de resultados es: "¿Y esto cuenta?". Y la respuesta es sí. Cualquier cosa puede ser una tarjeta de resultados.

Un cesto de la ropa vacío es una tarjeta de resultados si el juego que estás jugando es "lavar toda la ropa".

El temporizador en tu teléfono es una tarjeta de resultados si necesitas enfocarte en un proyecto durante treinta minutos.

Siete cajas que garabateas con una nota adhesiva y marcas como meta semanal, es una tarjeta de resultados.

Una app de consciencia plena que te muestra cuántas veces meditaste este mes, es una tarjeta de resultados.

Cualquier cosa puede ser una tarjeta de resultados, y no hay muchas reglas para esta herramienta en particular. En realidad hay solamente dos:

1.   Haz que sea visual.

2.   Úsala.

Eso es todo. Tienes que ser capaz de ver el progreso y tienes que participar en ello. Cuando lo haces, descubrirás que las tarjetas de resultados son el modo más rápido, más divertido y más inspirador de saber que estás en la zona de potencial. Las personas muy productivas siempre las utilizan.

David Trautman tiene una tarjeta de resultados para los libros que lee. Él es el CEO del Park National Bank. Hay algunas personas en la vida contra las que no apostarías. En el momento en que los conoces, sabes que —independientemente de lo que la vida lance a su camino— van a lograrlo. David es una de esas personas. Yo no apostaría en su contra.

Cuando hablé a su empresa, le pregunté si me recomendaría algún libro. Siempre tengo curiosidad por saber lo que leen las personas que están viviendo en la zona de potencial. En lugar de sugerir un título o dos, me escribió un correo electrónico con una hermosa lista en formato PDF de noventa y cuatro libros organizados en cinco categorías diferentes. Si trabajas para David, puedes pedir cualquiera de los títulos gratuitamente, que van desde *Huevos verdes con jamón* en la categoría de ventas hasta *El Federalista*, en la categoría de desarrollo personal.

David y todo su equipo no tienen que adivinar si él está participando en aprender más cada año. Pueden observar cómo crece la lista. Es una tarjeta de resultados.

Cuando entrevisté a personas muy productivas, esa era una de las pocas cosas que todas tenían en común: sus vidas estaban llenas de tarjetas de resultados. ¿Cómo las crearon? Respondiendo a tres preguntas.

1. ¿QUÉ VOY A MEDIR?

El punto de tener una tarjeta de resultados es que estamos rastreando el progreso. ¿Qué parte del progreso quieres medir? Los tres puntos más comunes para medir son: *tiempo, acciones y resultados.* Cuando yo anoto cuántas horas empleo escribiendo cada semana, estoy midiendo el tiempo. Cuando marco una casilla en una gráfica después de tomar mis vitaminas, estoy midiendo una acción. Cuando actualizo la cantidad de peso que levanté durante un entrenamiento de *crossfit*, estoy midiendo resultados.

No tendría sentido para mí rastrear cuánto tiempo me toma tragar las vitaminas. Soy muy rápido con el agua, de modo que el tiempo no es un factor fundamental. Tampoco estoy aumentando la cantidad de vitaminas cada semana, de modo que no vale la pena rastrear los resultados. Anoto la acción: ¿tomé las vitaminas, sí o no?

Wayne Beck y su esposa decidieron medir la deuda que iban liquidando, lo cual es una forma de resultados. "Pusimos los resultados en una gráfica en la pared que coloreábamos a medida que avanzábamos. Cada vez que llegábamos a un objetivo, recompensábamos nuestro propio esfuerzo con algo hermoso, como una escapada de fin de semana".

Si tu meta no conduce fácilmente a ser medida, no te preocupes. Puedes medir absolutamente cualquier cosa. Los terapeutas utilizan tarjetas de resultados de sentimientos para medir cómo se sienten los pacientes. Los médicos tienen tarjetas de resultados para el dolor. Y Grace Hagerty midió cuantos kilos de cosas eliminó de su casa.

Un momento… ¿qué?

Así es. Ella me dijo: "Cuando tuve que deshacerme de cosas, las pesaba a medida que salían de la casa. Tenía una gráfica. Puse a dieta a mi casa. Libré a la casa de varios cientos de kilos". No sé si

Grace tomó una fotografía del antes y después con una casa feliz y más delgada sosteniendo un par de viejos "jeans" que solía ponerse, pero debería haberlo hecho.

2. ¿POR CUÁNTO TIEMPO LO MEDIRÉ?

Podrías medir el progreso de tu meta tan poco tiempo como tres minutos, o tanto tiempo como un año. Jana Cinnamon, socia y jefa de operaciones en una empresa de contaduría pública, utiliza canciones como minitarjetas de resultados que le inspiran: "En lugar de pensar demasiado en una respuesta a un correo —dice ella— me doy a mí misma la duración de una canción para hacerlo y pulsar el botón de 'enviar' antes de que termine la canción". ¿Quién sabía que la música podía ser una tarjeta de resultados tan perfecta? Ella hace que algunas veces su tarjeta de resultados musical sea incluso más grande. "Tengo una lista de reproducción con la que hago ejercicio hasta que termina". Cuando termina la lista, también termina su entrenamiento. La lista de reproducción es la tarjeta de resultados y rastrea su progreso.

Algunas veces me toma un mes enfocarme en las metas que yo mido. Para esas metas creo un rastreador de acción. Es una gráfica sencilla en papel que te ayuda a mantener un foco visual de las acciones que estás incorporando a tu vida. Para crear un rastreador de acción, necesitas:

1.   Un papel
2.   Una pluma
3.   Una regla

Cuando tengas esas cosas, el paso siguiente es crear una lista de acciones que harán que sea más fácil terminar tu meta. La acción puede ser cualquier cosa, mientras pueda lograrse cada día. No pondrías "escribir un libro" en tu lista, pues eso no es una acción; es una gran meta. En cambio, escribirías: "Pasar treinta minutos trabajando en mi nuevo libro". Eso es una acción que puedes rastrear.

A continuación, tenemos algunas acciones que he rastreado en mi propia vida:

1. Hacer mi cama cada mañana

2. Alentar a una persona cada día

3. Cepillarme los dientes tres veces al día

4. Leer diez páginas cada día

5. Beber dos litros de agua cada día

Observarás que esas acciones son muy sencillas. Eso es lo divertido acerca de un rastreador de acción: puedes aplicarlo a cualquier meta en tu vida.

Los rastreadores de acción funcionan mejor para metas intermedias, porque las metas fáciles tienen un marco de tiempo mucho más corto que treinta días. También puedes dividir una meta garantizada en bloques de treinta días. Por ejemplo, yo podría tomar mi meta garantizada de 800 horas de crear ideas y medirlas mensualmente.

Cuando tengas tu lista, consulta el final de este libro, donde he incluido una muestra de rastreador de acción para que te resulte fácil usarlo. En el lado izquierdo, enumera todas tus acciones. En la parte superior de la gráfica, incluye los días del mes.

A largo del mes, a medida que realizas la acción cada día, colorea la casilla. La "T" en la última línea es para "Total". Siempre tengo curiosidad al final del mes por ver cuántos días llevé a cabo mis acciones.

Es divertido comenzar un rastreador de acción el primer día del mes, pero si hoy es día 15, no esperes. Puedes comenzar un rastreador de acción de treinta días cualquier día del año.

Algunas metas no se miden con métricas basadas en el tiempo, como semanas o meses, sino más bien por su terminación. Si tu meta es perder cierta cantidad de peso, correr campo a través, o liquidar una deuda, probablemente no puedas predecir exactamente cuándo lo terminarás. Por lo tanto, tu medida se enfocaría en pasar del inicio al fin, y no del día 1 al 30.

3. ¿DÓNDE LO MEDIRÉ?

Es de esperar que a estas alturas estés comenzando a ver que no hay una respuesta "correcta" a estas preguntas, hay solo una respuesta "tuya". Es tu tarjeta de resultados, de modo que debería encajar en tu propia vida.

Cuando un día subí a Instagram una fotografía de mi rastreador de acción dibujado a mano, una mujer llamada Niki Richardson comentó: "Eso parece totalmente opresivo y horrible". No le faltaba razón; simplemente le faltaban dos palabras importantes: "para mí". A eso se refería. "Eso parece totalmente opresivo y horrible *para mí*".

El problema con la autoayuda es que el autor a menudo deja fuera esas dos palabras clave. Una persona extrovertida escribe un libro sobre establecer una red de contactos y entonces se sorprende por cuántas personas introvertidas se oponen a sus sugerencias. Una persona organizada por naturaleza dice que el único modo de ser exitoso es asignar un color a cada actividad que hacemos cada día, y después se pregunta por qué las personas artísticas, y que no tienen en cuenta las formas, dudan de eso. Una persona matutina se levanta a las 4:00 de la mañana y entonces convierte su pasión personal en una receta que todos deben seguir.

Si quieres aprovechar tu potencial, debes filtrar cualquier consejo que recibas por el tamiz de tu personalidad, tus fortalezas, tus deseos y tu vida.

Yo no soy una persona detallista por naturaleza. Batallo para mantenerme organizado, de modo que crear un rastreador de acción de treinta días cada mes me ayuda a mantenerme en la zona de potencial. Tal vez tú eres todo lo contrario. Eso es estupendo; piensa en una ejecución diferente que funcione para ti.

Michelle Connors hizo un desafío parecido a un juego de mesa como Candyland para rastrear una de sus metas. En otra ocasión, utilizó una imagen de un campo de fútbol americano, y cada diez yardas era una meta. También creó un mapa para usarlo en su meta de pasos. Otra vez hizo una pizarra estilo Tetris. No sé si alguna de esas cosas me funcionaría a mí, pero le funcionaron a Michelle, y eso es perfecto.

Jake Puhl, el CEO de Dentist Entrepreneur Organization, utiliza Notion, una app de planificación, para crear todas sus tarjetas de resultados. Yo soy una persona a quien le gusta el papel, y tiendo a perderme si creo mis tarjetas de resultados digitalmente, pero a él le encanta.

Adam Savage, copresentador del programa *MythBusters* (Cazamitos), dedica dos capítulos completos de su hermoso libro *Cada herramienta es un martillo* a las listas y casillas de verificación que utiliza como tarjetas de resultados en su trabajo. Él sabe que "no se puede contar con que habrá fuentes externas de motivación cuando te des contra una pared en un proyecto, o cuando estés en los días muertos a mitad de camino. Necesitarás crear tu propia motivación para seguir adelante, y el ímpetu que surge de una lista de verificación que tiene más casillas marcadas que vacías puede ser precisamente lo que eche combustible a tu fuego".[1]

No importa si utilizas una lista de reproducción de Spotify para rastrear cuánto tiempo te enfocas en un entrenamiento, un programa de software para medir cómo estás construyendo un pequeño negocio, o una lista para reunir motivación para ponerte un disfraz de Star Wars, como hizo Adam cuando estuvo en Industrial Light & Magic. Lo que importa es que tengas una tarjeta de resultados visible y que la utilices.

Tampoco necesitas ser hábil, creativo u organizado para crear una tarjeta de resultados. Algunas de las mías son tan sencillas, que incluso un niño de primaria podría entenderlas. La gráfica que utilizo para ser amable con mi familia 365 veces este año está diseñada realmente para niños de seis años. La compré en Amazon. Es un póster inmenso de un semáforo cubierto de una tabla de pequeñas casillas. Creo que está pensado para recompensar al pequeño Timmy por no morder en clase, o a la joven Ana por no beberse el pegamento cuando la maestra no está mirando. En cambio, cada vez que hago algo amable por mi esposa o mis hijas, pongo una pegatina de sonrisa verde en una de las casillas.

Sé que eso es ridículo, pero el autor Marshall Goldsmith me alentó a probarlo. En su libro *The Earned Life* (La vida merecida) comparte: "Un amigo se burló de mí una vez por rastrear cuántas veces le decía algo hermoso a mi esposa cada día. 'No deberías tener que recordar ser amable con tu esposa', me dijo. A lo cual, Goldsmith respondió: "Evidentemente lo necesito". Sigue diciendo: "No me avergüenza necesitar un recordatorio para comportarme mejor. Sería vergonzoso si lo supiera y no hiciera nada al respecto".[2]

Esa es la belleza de una tarjeta de resultados. Te da un método visual y práctico para hacer algo al respecto. Y "eso" puede ser cualquier cosa.

Un buen ejemplo de un "eso" que probablemente no hayas observado nunca está en la tienda Costco. A cuatro metros de altura en la pared, en el frente de la tienda, hay una tarjeta de resultados de marcador lavable para todos los cajeros. Mide tres categorías diferentes; (1) productos escaneados por minuto; (2)

miembros procesados por hora, y (3) productos más escaneados. Lo actualizan cada semana, pero probablemente podrían escribir "Tim R." con marcador permanente porque él se niega a perder.

Nunca he visto a Tim en la tienda en Brentwood, Tennessee, pero él domina esa ubicación. Actualmente escanea 23,54 productos por minuto y procesa 57,58 miembros por hora. No importa si compras un kayak, 144 baterías, o un pallet de snacks de calamares deshidratados, estarás pasando unos ochenta segundos en la fila de Tim. Siempre que estoy en la tienda, pregunto por él a los otros cajeros. "Ah sí, Tim —dicen, con resentida admiración—, es muy rápido".

Tener una tarjeta de resultados visible en la pared, basada en recompensas, mantiene motivados a los cajeros. También inspira creatividad. En tablones en Reddit para empleados de Costco, los cajeros suben consejos como los siguientes:

+ Mientras entrego el recibo y la tarjeta de miembro con una mano, con la otra estoy agarrando la tarjeta de miembro del cliente siguiente, y la escaneo.

+ Intenta pasar los productos de una mano a la otra. No lo agarres con ambas manos a menos que sea necesario, e intenta no girar el torso.

+ Comienza a memorizar dónde están los códigos de barra en cada artículo para escanearlo más rápido.[3]

"Intenta no girar el torso". ¿Acaso no es el consejo más específico que has oído jamás? Lo es, pero funciona. Se calcula que Costco obtiene unos 447 millones de dólares en ingresos por día.[4] ¡Por día! Yo gano un poco menos que eso, pero si una tarjeta de resultados puede ayudar a Costco a ingresar 163 mil millones de dólares cada año, ¿podría mejorar también mi desempeño si añado algunas tarjetas de resultados?

Creo que sí. Solo tengo que recordar no girar mi torso.

EL MAYOR BENEFICIO INESPERADO DE UNA TARJETA DE RESULTADOS

Compararte a ti mismo con otras personas es la forma de comparación que atrae toda la atención, pero no es la única que causa el mayor daño a nuestra búsqueda del potencial. En realidad, hay una fuente de comparación todavía peor que hace tropezar a las personas. La locura es que nunca lo vemos llegar. ¿Sabes con quién te comparas realmente?

Contigo mismo.

Es tentador comparar tu vida presente con tu vieja vida o con tu vida imaginada y no dar la talla. Yo no me di cuenta de que era tal problema hasta que me adentré en la investigación para este libro.

Una participante llamada Valerie me preguntó: "¿Cómo continúo avanzando en las metas con un padre anciano con demencia que requiere de cinco a diez horas por semana, y una hija adulta en el hospital con fallo renal?".

Katie dijo: "Tengo un niño pequeño y no utilizo cuidado de día. Mi esposo trabaja muchísimas horas en un empleo muy intenso, y yo soy dueña de un negocio bastante inexperta. ¿Cómo se prioriza todo eso?".

Holly dijo: "No he podido llevar mi negocio al nivel que deseo, y recientemente me quedé viuda y soy mamá sola".

Reginald preguntó: "¿Cómo dejo de flagelarme y seguir alcanzando mis metas de bienes raíces mientras cuido de mi mamá solo en la casa, a quien diagnosticaron demencia avanzada?".

Mi respuesta a cada una de esas situaciones difíciles fue la misma: *Crea una nueva tarjeta de resultados.*

Valerie se estaba comparando con la vieja Valerie que no había cuidado de un padre anciano o de una hija con fallo renal.

Katie se estaba comparando con la vieja Katie que no era mamá de un niño pequeño y dueña de un negocio.

Holly se estaba comparando con la vieja Holly que no era viuda y mamá sola.

Reginald se estaba comparando con el viejo Reginald que no cuidaba de una mamá con demencia avanzada.

Cuando la vida cambia, necesitamos una nueva tarjeta de resultados. Ya sea algo positivo como tener un bebé o comenzar un negocio, o algo negativo como una crisis de salud, si no cambias tu tarjeta de resultados malgastarás un tiempo precioso flagelándote por expectativas de desempeño que ya no son precisas.

Yo recuerdo personalmente este principio cada verano. Trabajo en casa, y normalmente empleo las dos primeras semanas de junio estando frustrado porque no estoy haciendo tantas cosas como las que hice en mayo. ¿Cuál es la razón increíblemente obvia para eso? Mis hijas están en la casa. La alberca comunitaria está abierta. ¡Es verano! Mi tranquila casa es ahora un epicentro de actividad. He experimentado eso mismo durante nueve años consecutivos, pero siempre me olvido de ajustar mis expectativas.

Para ser sincero, inicialmente no creía que una tarjeta de resultados abordaría ese reto específico. Tan solo experimentaba con ella porque quería rastrear mis metas. Sin embargo, cuando comencé a enseñar a otras personas a crear tarjetas de resultados, había observado que el alivio los inundaba.

Le dije a Valerie: "Resta esas cinco a diez horas que te toma cuidar de tu mamá, de tus expectativas para tus metas".

Alenté a Katie: "Tienes tu propio negocio, ¡felicidades! Adapta eso en tus otros compromisos y ajústalo todo".

Le recordé a Holly: "Esta es la primera vez que has sido viuda y mamá sola. Aumenta más de cien veces la cantidad de gracia que te concedes a ti misma".

Pregunté a Reginald: "¿Cuánto tiempo te toma cuidar de tu mamá? Ajusta tus metas de bienes raíces conforme a eso, por lo menos durante un tiempo".

Las palabras eran diferentes, pero el corazón del consejo era siempre el mismo: cuando atravieses un cambio, cambia tu tarjeta de resultados. Crea otra nueva.

¿Hay alguien leyendo este libro que no haya experimentado un cambio tremendo en los últimos años? Todos necesitan una nueva tarjeta de resultados después de una pandemia. Todos comparan su vida actual con su vida antes de la pandemia en algún nivel. Cuando hacemos eso no solo terminamos flagelándonos, sino que también nos perdemos cuán asombrosa puede ser nuestra nueva vida a partir de ahora.

> **CUANDO ATRAVIESES UN CAMBIO,
> CAMBIA TU TARJETA DE RESULTADOS.**

UNA TARJETA DE RESULTADOS ES EL ÚNICO MODO PARA SABER QUE ESTÁS EN LA ZONA DE POTENCIAL

Sabemos que las tarjetas de resultados funcionan para los niños, pero por algún motivo pensamos que los adultos no las necesitamos. Cuando pregunté a cientos de personas si alguna vez usaban tarjetas de resultados para sus metas, Rebecca Williams resumió la respuesta más típica: "Con los niños sí… pero no he pensado en hacerlo conmigo misma". Desde gráficas de tareas, de leer lecciones, hasta aprender a ir solo al baño, evaluamos cada parte de la niñez, pero entonces, a los dieciocho años de edad decidimos que ya no lo necesitamos porque ahora la vida es fácil.

¿Ha sido esa tu experiencia con la edad adulta? ¿Es más fácil que la niñez? ¿O existe la posibilidad de que necesitemos más que nunca tarjetas de resultados?

Yo las necesitaba.

Tú también las necesitas.

Al final del día, al final de la semana, al final del año, o incluso al final de tu vida, quiero que tengas una respuesta realmente fácil a la pregunta: "¿Aproveché mi inmenso potencial?".

"Sí, lo hice", dirás, señalando a las chistosas tarjetas de resultados en las que te apoyaste para mantenerte motivado durante tus metas fáciles, intermedias, y garantizadas. "Aquí está la prueba".

CONCLUSIÓN:
REGRESA A LA ESCALERA DE METAS

Veintiocho años después de mi desastroso primer año en la Universidad de Samford, mudé a mi hija mayor L.E. a esa misma universidad. Unas semanas después de la mudanza, yo era el orador principal en el fin de semana familiar de Samford.

Yo era ya un alumno notable y honrado como un ejemplo de lo que un graduado podía lograr. Tuve que sonreír antes de subir al escenario, porque no había ni una sola persona que pensara que eso sucedería alguna vez cuando yo servía hielo raspado en el costado de la entrada de Walmart, y el decano de alumnos me separó temporalmente de las relaciones sociales. Sin embargo, eso es lo chistoso acerca del potencial.

Nunca se va.

Siempre está esperando.

Siempre está disponible.

Siempre está dispuesto a ser redimido sin aviso previo.

Cuando estés preparado para reclamar el tuyo (y creo que ahora ya lo estás), te daré una última palabra de aliento: lee este libro en reversa.

Nadie sueña con metas fáciles.

Nadie dice: "¡Quiero caminar un cuarto de kilómetro! ¡Quiero escribir cien palabras! ¡Quiero organizar uno de los cajones de mi cocina! ¡Quiero aprender el acorde de Sol en la guitarra! ¡Quiero entender diez palabras en italiano!".

Todos tenemos sueños mucho más grandes que esos sobre nuestro potencial, y deberíamos tenerlos.

¡Quiero correr una maratón!

¡Quiero escribir una novela!

¡Quiero ordenar toda mi casa!

¡Quiero dominar la guitarra!

¡Quiero irme a vivir a Italia!

Tenemos metas inmensas que sabemos que requieren pasos pequeños, pero ¿cómo convertimos los grandes sueños en microacciones? Esa es la brecha en la que la mayoría de las personas abandonan. A la mayoría le resulta imposible dividir una esperanza muy grande en acciones diarias. A la mayoría le resulta difícil convertir el potencial en una meta. Sin embargo, nosotros no somos la mayoría. Vamos a lograr eso regresando a la escalera de metas que subimos en los capítulos anteriores.

Repasa tu lista de mejores momentos. ¿Recuerdas cuando sacaste tu marcador e identificaste las partes más brillantes de tu vida? ¿De qué quieres tener más? ¿Te motivan los logros, las experiencias, las relaciones o los objetos? El pasado es un regalo que informará a tu presente y preparará tu futuro.

Cuando tengas una sensación general de eso, escoge uno de los cincos grandes juegos: carrera profesional, finanzas, relaciones, salud o diversión. ¡Puede ser cualquier cosa! Solamente en este libro hay más de cien ejemplos.

Cuando tengas un juego en mente, todo lo que tienes que hacer es convertirlo en una meta garantizada. Asegúrate de que tu meta garantizada:

CUANDO TENGAS UN JUEGO EN MENTE, TODO LO QUE TIENES QUE HACER ES CONVERTIRLO EN UNA META GARANTIZADA.

1.   Tenga un marco de tiempo extenso (de noventa días a un año).

2.   Esté bajo tu control al cien por ciento.

3.   Sea fácil de medir.

4.   Te aliente a ser deliberado con tu calendario (ocho horas de trabajo por semana).

5.   Parezca imposible cuando la compartes con otros.

Si puedes entrenar por cuatro meses para una maratón, si tienes el control de las sesiones de entrenamiento, si tienes una tarjeta de resultados para medir los kilómetros, si puedes sacar ocho horas por semana en tu calendario, y si los amigos creen que es imposible, estás en el camino correcto.

Entonces, toma tu meta garantizada y haz que sea más manejable, encogiéndola para que sea una meta intermedia. Asegúrate de que tu meta intermedia:

1.   Tenga un marco de tiempo razonable (de treinta a noventa días).

2.   Sea flexible.

3.   No se desmorone si te saltas un día.

4.   Te aliente a ajustar tu calendario (cinco horas de trabajo por semana).

5.   Tenga paciencia incorporada.

Si puedes comprometerte a correr las cuatro primeras semanas, si puedes hacer un poco cada día, aunque sea un paseo lento alrededor del barrio, si estás dispuesto a perdonarte a ti mismo si te saltas un día, si puedes encontrar tiempo sin cambiar drásticamente tu calendario, y si puedes hacer progreso paciente, estás en un buen lugar.

Por último, toma tu meta intermedia y haz que sea incluso más pequeña, convirtiéndola en una meta fácil. Asegúrate de que tu meta fácil:

1. Tenga un marco de tiempo breve (de uno a siete días).

2. Tenga primeros pasos obvios.

3. No sea cara.

4. Encaje en tu calendario actual (dos horas de trabajo por semana).

5. Sea tan pequeña, que parezca que "no es suficiente".

Si puedes correr dos veces esta semana, si sabes cómo encontrar un buen plan de entrenamiento, si no necesitas apuntarte todavía a ninguna carrera cara, si puedes encajarlo fácilmente en tu calendario, y si nadie queda impresionado cuando compartes tus planes, tienes una meta fácil perfecta.

Cuando bajas la escalera de metas, acabas de lograr lo que el 99 por ciento de las personas no logran.

Has tomado un gran juego y lo has hecho factible.

Tomaste "algún día" y lo convertiste en "hoy".

Rodeaste el muro de la visión.

Frustraste a tu yo atascado.

Escapaste de la zona de confort, evitaste la zona de caos, y diste tu primer paso en la zona de potencial

Ya no eres parte del 50 por ciento de personas que sienten que están dejando el 50 de su potencial sin aprovechar.

Estás abriendo todos tus regalos de Navidad, no solo la mitad.

Y yo, por mi parte, tengo muchas ganas de ver lo que haces con ellos.

RASTREADOR DE ACCIÓN

MES: _____

ACCIONES	1	2	3	4	5	6	7	8	9	10	11	12	13	14	15	16	17	18	19	20	21	22	23	24	25	26	27	28	29	30	31	T

RECONOCIMIENTOS

Yo pondría "escribir este libro" en mi lista de mejores momentos, y la razón es que trabajo con muchas personas extraordinarias.

Jenny, me río cada vez que pienso en tu pregunta favorita que me haces cuando lees mis manuscritos. "Jon, ¿quieres retroalimentación… o elogios?". Gracias por darme ambas cosas en los últimos veintidós años. Estás en cada página de este libro. L.E. y McRae, creo que es momento de que escribamos juntos otro libro, porque el último fue muy divertido. ¡Las amo!

Ashley Holland, no puedo creer que hayamos trabajado juntos por siete años. No hay libro, conferencia, curso, podcast o reunión que hubieran podido producirse sin ti. Giancarlo Lemmi, hay más de cincuenta historias reales de personas reales en este libro, y eso se debe a que tú las rastreaste. Gracias por tu fantástica contribución.

Mi inmensa gratitud a todo el equipo de Baker. Me emociona que podemos hacer juntos otros cuatro libros. Lo he dicho antes y lo diré otra vez: "¡Tan solo acabamos de comenzar!". Brian Vos, gracias por pastorear este proyecto desde el inicio hasta el fin. No podría pedir un editor más perspicaz, paciente y brillante. Mark Rice, un libro sin un genio de la mercadotecnia nunca llega a leerse. Gracias por abogar por este libro en cada plataforma, medio, y librero. Amy Nemecek, tú aumentas el humor, amplías la claridad, y sirves al lector con las ediciones que ofreces. Laura Powell, gracias por convertir mis palabras en arte con tus diseños creativos. William Overbeeke, gracias por hacer que el interior del libro sea tan deslumbrante como el exterior. Rachel O´Connor, gracias por manejar sin tacha los millones de detalles que conlleva la adquisición de un nuevo libro.

Dwight Baker, Eileen Hanson, Holly Scheevel, Carson Kunnen, Olivia Peitsch, William Overbeeke, Nathan Henrion, y todo el equipo de ventas y mercadotecnia de Baker. Gracias por aportar décadas de excelencia a cada decisión que tomamos juntos.

Mike Salisbury y Curtis Yates, gracias por desafiarme en cada paso del camino para hacer de este libro el mejor que podría ser.

Dr. Mike Peasley, tu investigación siempre toma una idea divertida y le añade combustible de jet. Gracias por prestarme tu sabiduría.

Caleb Peavy, Jessica Peavy, Katie Pilson, Amy Fenton, MC Tanksley, y Aaron Hovivian, gracias por convertir mi espectáculo unipersonal en una compañía que llega a cambiar el mundo cada día.

Y por último, pero no menos importante, gracias a ti, el lector, por elegir mi libro. Sin ti, soy solamente un tipo en Nashville que escribe diarios horrorosamente largos.

NOTAS

INTRODUCCIÓN

1. Simon Sinek, "How Great Leaders Inspire Action", TEDX Puget Sound, septiembre de 2009, https://www.ted.com/talks/simon_sinek_how_great_leaders_inspire_action/c

CAPÍTULO 1: REGRESA AL FUTURO

1. John Tierney y Roy F. Baumeister, *The Power of Bad: How the Negativity Effect Rules Us and How We Can Rule It* (New York: Penguin Books, 2021), p. 71.

2. Martin E. P. Seligman, *Authentic Happiness: Using the New Positive Psychology to Realize Your Potential for Lasting Fulfillment* (New York: Free Press, 2002), p. 6.

CAPÍTULO 2: CREA TU LISTA DE MEJORES MOMENTOS

1. Rita Elmkvist Nilsen, "How Your Brain Experiences Time", Norwegian University of Science and Technology, https://norwegianscitechnews.com/2018/08/how-your-brain-experiences-time/

2. Los comentarios de individuos que comparto a lo largo del libro son de grupos privados de Facebook y LinkedIn y son usados con el generoso permiso de los participantes mencionados.

3. Elizabeth Dunn y Michael Norton, *Happy Money: The Science of Happier Spending* (New York: Simon & Schuster, 2013), p. 117.

CAPÍTULO 4: ENGAÑA A LA PERSONA MÁS DIFÍCIL PARA QUE CAMBIE

1. Daniel Z. Lieberman y Michael E. Long, *The Molecule of More: How a Single Chemical in Your Brain Drives Love, Sex, and Creativity—and Will Determine the Fate of the Human Race* (Dallas: BenBella Books, 2018), p. 201.

2. Mihaly Csikszentmihalyi, *Finding Flow: The Psychology of Engagement with Everyday Life* (New York: Basic Books, 1997), p. 59.

3. Csikszentmihalyi, *Finding Flow*, p. 59.

4. Csikszentmihalyi, *Finding Flow*, p. 59.

5. Lieberman and Long, *The Molecule of More*, p. 5.

6. Lieberman and Long, *The Molecule of More*, p. 6.

CAPÍTULO 6: ESCOGE EL GRAN JUEGO QUE QUIERES GANAR

1. Marshall Goldsmith, *What Got You Here Won't Get You There: How Successful People Become Even More Successful* (New York: Hachette, 2007), p. 180.

2. Goldsmith, *What Got You Here*, p. 180.

3. Gay Hendricks, *The Big Leap: Conquer Your Hidden Fear and Take Life to the Next Level* (San Francisco: HarperOne, 2010).

CAPÍTULO 7: ESCAPA DE LA ZONA DE CONFORT CON UNA META FÁCIL

1. Jeffery J. Downs y Jami L. Downs, *Streaking: The Simple Practice of Conscious, Consistent Actions That Create Life-Changing Results* (n.p.: Page Two Books, 2020), p. 38.

CAPÍTULO 8: SÁLTATE LA ZONA DE CAOS CON UNA META INTERMEDIA

1. Citado en Morgan Housel, *The Psychology of Money: Timeless Lessons on Wealth, Greed, and Happiness* (Petersfield, UK: Harriman House, 2020), p. 142.

CAPÍTULO 9: PLANEA UN ASALTO AL CALENDARIO

1. Oliver Burkeman, *Four Thousand Weeks: Time Management for Mortals* (New York: Farrar, Straus and Giroux, 2021), p. 95.

2. Jon Acuff (@JonAcuff), Twitter, June 1, 2022, 2:50 p.m., https://twitter.com/JonAcuff/status/1532072076198088704.

CAPÍTULO 10: ENCUENTRA TU COMBUSTIBLE FAVORITO

1. Bryan K. Smith, "What Kind of Fuel Do Rockets Use and How Does It Give Them Enough Power to Get into Space?", *Scientific American*, 13 de febrero de 2006, https://www.scientificamerican.com/article/what-kind-of-fuel-do-rock/.

2. Smith, "What Kind of Fuel Do Rockets Use?".

3. Warren Buffett, pledge letter, The Giving Pledge, consultado en línea 25 de octubre de 2022, https://givingpledge.org/pledger?pledgerId=177.

CAPÍTULO 11: ALCANZA LA MEJOR CLASE DE LOGRO

1. "Reinvent Your Life, Raise Millions of Dollars, Do Work That Matters: The Scott Harrison Story", *All It Takes Is a Goal* (podcast), episodio 71, 2 de mayo de 2022, https://podcasts.apple.com/us/podcast/atg-71-reinvent-your-life-raise-millions-of-dollars/id1547078080?i=1000559295402.

CAPÍTULO 12: SÉ HÁBIL SIN NINGÚN BRILLO

1. Brendan Leonard, *I Hate Running and You Can Too: How to Get Started, Keep Going, and Make Sense of an Irrational Passion* (New York: Artisan Books, 2021), p. 56.

2. Mihaly Csikszentmihalyi, *Finding Flow: The Psychology of Engagement with Everyday Life* (New York: Basic Books, 1997), p. 105.

3. Csikszentmihalyi, *Finding Flow*, p. 105.

4. Csikszentmihalyi, *Finding Flow*, pp. 105–6.

CAPÍTULO 13: ENCUENTRA A TU GENTE, ENCUENTRA TU POTENCIAL

1. Paul Graham, "The Refragmentation", paulgraham.com, enero de 2016, http://paulgraham.com/re.html.

2. Peter F. Drucker, "Managing Knowledge Means Managing Oneself", *Leader to Leader* no. 16 (primavera de 2000), http://rlaexp.com/studio/biz/conceptual_resources/authors/peter_drucker/mkmmo_org.pdf.

CAPÍTULO 15: GARANTIZA TU ÉXITO

1. Citado en Madsen Pirie, "Death and Taxes", Adam Smith Institute, 13 de noviembre de 2019, https://www.adamsmith.org/blog/death-and-taxes.

CAPÍTULO 16: CONVIERTE LOS MIEDOS EN METAS Y OBSERVA CÓMO CAEN

1. "Next Time, What Say We Boil a Consultant", *Fast Company*, 31 de octubre de 1995, https://www.fastcompany.com/26455/next-time-what-say-we-boil-consultant.

2. Joscha Böhnlein et al., "Factors Influencing the Success of Exposure Therapy for Specific Phobia: A Systematic Review", *Neuroscience and Biobehavioral Reviews* 108 (enero de 2020): pp. 796–820, https://doi.org/10.1016/j.neubiorev.2019.12.009.

3. Arthur C. Brooks, *From Strength to Strength: Finding Success, Happiness, and Deep Purpose in the Second Half of Life* (New York: Portfolio, 2022), p. 105.

CAPÍTULO 17: CREA UNA TARJETA DE RESULTADOS PARA SABER QUE ESTÁS GANANDO

1. Adam Savage, *Every Tool's a Hammer: Life Is What You Make It* (New York: Atria Books, 2020), p. 58.

2. Marshall Goldsmith and Mark Reiter, *The Earned Life: Lose Regret, Choose Fulfillment* (New York: Currency, 2022), p. 141.

3. juancho0808, "[Employee] Cashier statistics question", Reddit, 2018, https://www.reddit.com/r/Costco/comments/a4wvgr/employee_cashier_statistics_question/.

4. Marques Thomas, "How Much Does Costco Make a Second, Minute, Hour, Day, and Month?", Query Sprout, 12 de mayo de 2021, https://querysprout.com/how-much-does-costco-make-a-second-minute-hour-day-and-month/.

Jon Acuff es el autor de éxitos de ventas del *New York Times* de nueve libros, entre los que se incluyen *Piensa mejor sin pensar demasiado, Your New Playlist: The Student's Guide to Tapping into the Superpower of Mindset,* y el autor de éxitos de ventas del *Wall Street Journal* de *¡Termina!* Cuando no está escribiendo o grabando su popular podcast *Una meta es todo lo que necesitas,* podemos encontrar a Acuff sobre la plataforma como uno de los 100 principales oradores sobre liderazgo de la revista INC. Ha hablado a cientos de miles de personas en conferencias, universidades y empresas por todo el mundo, entre las que se incluyen Fed Ex, Range Rover, Microsoft, Nokia, y Comedy Central. Conocido por sus ideas envueltas en humor, la fresca perspectiva de Acuff sobre la vida le ha dado la oportunidad de escribir para las revistas *Fast Company, Harvard Business Review,* y *Time.* Jon vive en las afueras de Nashville, Tennessee, con su esposa Jenny y sus dos hijas. Para saber más, visita JonAcuff.com.